KB267098

태국어 문자

이것이 독학 태국어 첫걸음이다!

황정수 지음

Vitamin **Book**
비타민북

머리말

태국어는 어렵다?

문자가 생소하고 성조까지 있어서 선뜻 다가서기 어려운 태국어, 하지만 알고 보면 재미있고 그 함축성에 반하는 언어입니다. 이 책에는 기초가 되는 문자와 성조, 간단한 문법, 실용 회화에 이르기까지 입문 과정부터 초급 과정까지의 내용을 혼자서도 쉽게 공부할 수 있도록 알차게 담았습니다.

태국어가 쉽고 재미있어질 때까지 이 책이 여러분과 함께 할 것입니다.

1. 문자부터 실용 회화까지!

독학 태국어 학습자들을 위해 태국어 발음을 한글로 표기하였으며, 성조도 함께 표기하였습니다. 본문은 재미있는 일러스트와 함께 일상생활과 밀접한 내용을 위주로 회화를 구성하였습니다.

2. 다양하고 실용적인 단어!

회화 문장에 새로 나오는 단어들을 발음과 함께 정리하였고, 이해를 돕기 위해 다양한 주제별 그림 단어를 제공해 학습자의 어휘력을 풍부하게 할 수 있도록 하였습니다.

3. 문법은 예문을 통해 재미있게!

태국어의 어순이 한국어와 달라 어렵다고 느낄 수 있는 문법을 예문을 통해 쉽게 배울 수 있습니다. 긍정문, 부정문, 의문문과 같은 예문을 통해 보다 쉽고 재미있게 다가갈 수 있도록 하였습니다.

4. 생생한 원어민의 MP3 파일과 함께 청취력 UP!

원어민의 음성 파일을 통해 정확한 발음을 연습하고, 자연스러운 성조의 톤을 익힐 수 있도록 하였습니다.

5. 태국인이 쓰는 태국어 그대로!

실생활에서 자주 사용하는 표현들을 위주로 구성하였기 때문에 회화를 통해 태국인이 쓰는 그대로의 태국어를 배울 수 있습니다.

이 책의 구성

태국어 발음부터 기본 문법, 단어, 회화까지 한 번에!

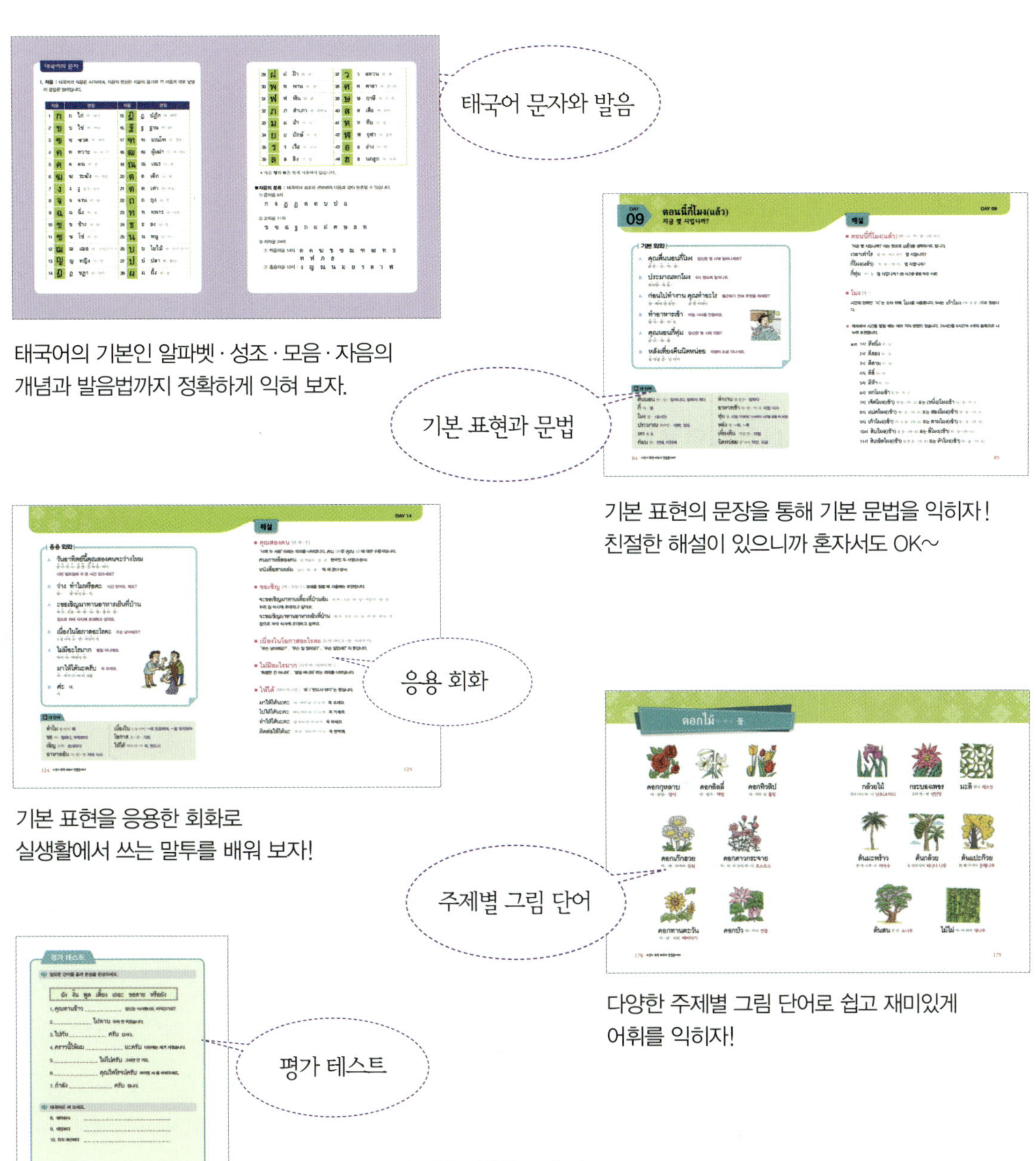

태국어의 기본인 알파벳 · 성조 · 모음 · 자음의
개념과 발음법까지 정확하게 익혀 보자.

태국어 문자와 발음

기본 표현과 문법

기본 표현의 문장을 통해 기본 문법을 익히자!
친절한 해설이 있으니까 혼자서도 OK~

응용 회화

기본 표현을 응용한 회화로
실생활에서 쓰는 말투를 배워 보자!

주제별 그림 단어

다양한 주제별 그림 단어로 쉽고 재미있게
어휘를 익히자!

평가 테스트

평가 테스트로 그날 배운 내용을 복습하고
작문 연습도 해 보자!

차 례

PART 01

태국어 문자

- 태국어의 문자
- 태국어의 성조법

1. 자음 : 태국어의 자음은 44자이며, 자음의 명칭은 자음의 음가와 각 자음의 대표 낱말
이 결합된 형태입니다.

자음		명칭	자음		명칭
1	ก	ก ไก่ 꺼– 까이	15	ฏ	ฏ ปฏัก 떠– 빠딱
2	ข	ข ไข่ 커– 카이	16	ฐ	ฐ ฐาน 터– 탄–
3	ฃ	ฃ ฃวด 커– 쿠엇	17	ฑ	ฑ มณโฑ 터– 몬토–
4	ค	ค ควาย 커– 콰–이	18	ฒ	ฒ ผู้เฒ่า 터– 푸–타오
5	ฅ	ฅ ฅน 커– 콘	19	ณ	ณ เณร 너– 넨–
6	ฆ	ฆ ระฆัง 커– 라캉	20	ด	ด เด็ก 더– 덱
7	ง	ง งู 응어– 응우–	21	ต	ต เต่า 떠– 따오
8	จ	จ จาน 쩌– 짠–	22	ถ	ถ ถุง 터– 퉁
9	ฉ	ฉ ฉิ่ง 처– 칭	23	ท	ท ทหาร 터– 타한–
10	ช	ช ช้าง 처– 창–	24	ธ	ธ ธง 터– 퉁
11	ซ	ซ โซ่ 써– 쏘–	25	น	น หนู 너– 누–
12	ฌ	ฌ เฌอ 처– 츠어(츠ㅓ–)	26	บ	บ ใบไม้ 버– 바이 마–이
13	ญ	ญ หญิง 여– 잉	27	ป	ป ปลา 뻐– 쁠라
14	ฎ	ฎ ชฎา 더– 차다–	28	ผ	ผ ผึ้ง 퍼– 퐁

29	ฝ	ฝ	ฝา	풔– 퐈–	37	ว	ว	แหวน	워– 왠–
30	พ	พ	พาน	퍼– 판–	38	ศ	ศ	ศาลา	써– 쌀–라
31	ฟ	ฟ	ฟัน	풔– 퐌	39	ษ	ษ	ฤาษี	써– 르–씨–
32	ภ	ภ	สำเภา	퍼– 쌈파오	40	ส	ส	เสือ	써– 쓰아
33	ม	ม	ม้า	머– 마–	41	ห	ห	หีบ	허– 힙–
34	ย	ย	ยักษ์	여– 약	42	ฬ	ฬ	จุฬา	러– 쭐라–
35	ร	ร	เรือ	러– 르아	43	อ	อ	อ่าง	어– 앙–
36	ล	ล	ลิง	러– 링	44	ฮ	ฮ	นกฮูก	허– 녹훅–

★ 자음 ฃ과 ฅ은 현재 사용하지 않습니다.

■**자음의 분류 :** 태국어의 성조와 관련하여 다음과 같이 분류될 수 있습니다.

1) 중자음 9자

ก จ ฎ ฏ ด ต บ ป อ

2) 고자음 11자

ข ฃ ฉ ฐ ถ ผ ฝ ศ ษ ส ห

3) 저자음 24자

① 짝음자음 14자 : ค ฅ ฆ ช ซ ฌ ฑ ฒ ท ธ
　　　　　　　　 พ ฟ ภ ฮ

② 홀음자음 10자 : ง ญ ณ น ม ย ร ล ว ฬ

2. 모음 : 기본 모음은 32자이며, 장모음과 단모음으로 나눕니다.

◌ะ 아	◌า 아-
◌ิ 이	◌ี 이-
◌ึ 으	◌ื 으-
◌ุ 우	◌ู 우-
เ◌ะ 에	เ◌ 에-
แ◌ะ 애	แ◌ 애-
โ◌ะ 오	โ◌ 오-
เ◌าะ 어	◌อ 어-
◌ัวะ 우아(어)	◌ัว 우-아(어)
เ◌ียะ 이아(야)	เ◌ีย 이-아(야)
เ◌ือะ 으아(어)	เ◌ือ 으-아(어)
เ◌อะ 으어	เ◌อ 으어-
ไ◌ 아이	ใ◌ 아이
เ◌า 아오	◌ำ 암
ฤ 르, 리	ฦ 르-
ฤๅ 르	ฦๅ 르-

* '◌'는 자음 문자의 위치를 표시합니다.

태국어의 성조법

태국어의 성조법은 성조부호를 사용하지 않는 무형 성조법과 성조 부호를 사용하는 유형 성조법으로 구분합니다. 그리고 태국어에는 5개의 성조가 있습니다. 평성, 1성, 2성, 3성 그리고 4성으로 분류됩니다. 가령, 같은 발음일지라도 성조가 다르면 그 뜻이 달라지기 때문에, 성조는 매우 중요한 역할을 합니다.

평성(ˉ) : 소리를 중간 높이에서 일정하게 발음하는 성조입니다.
1성(ˋ) : 소리가 평성보다 낮은 곳에서 발음하는 성조입니다.
2성(ˆ) : 소리가 평성보다 높은 위치에서 시작하여 높아졌다가 낮아지는 성조입니다.
3성(ˊ) : 소리가 평성보다 높은 곳에서 발음하는 성조입니다.
4성(ˇ) : 소리가 평성보다 낮은 위치에서 시작하여 낮아졌다가 올라가는 성조입니다.

성조		예시
평성	*mid*	ม̄า
1성	*low*	ม̀า
2성	*falling*	ม̂า
3성	*high*	ม́า
4성	*rising*	ม̌า

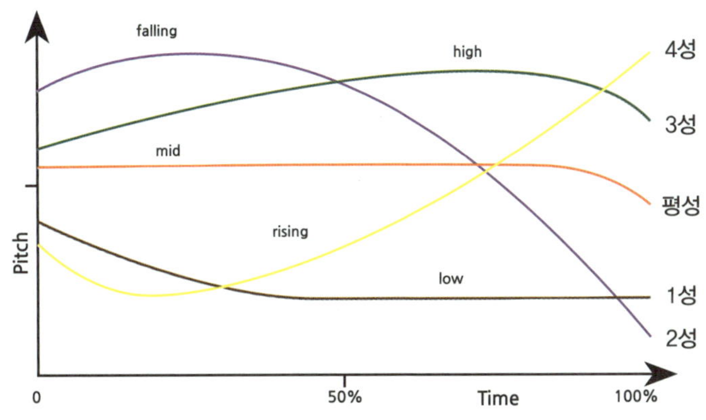

1. 무형 성조법

음절 구성상에 있어서 초자음의 종류(중자음, 고자음, 저자음)와 모음의 종류(장모음, 단모음) 그리고 종자음의 종류(생음, 사음)에 따라서 그 음절의 성조는 각각 다릅니다. 여기서 생음은 장모음이 오거나 종자음에 ง(ng), น(n), ม(m), ย(y), ว(w) 음가가 오는 경우를 말하며, 사음은 단모음이 오거나 종자음에 ก(k), ด(t), บ(p) 음가가 오는 경우를 뜻합니다.

1) 초자음이 **중자음**인 경우 생음이면 **평성**(-)이 되고, 사음이면 **1성**(`)이 됩니다.

· **중자음 + 장모음 = 평성**

กา 까-　　　　ตา 따-　　　　ดู 두-

· **중자음 + 단모음 = 1성**

เกาะ 꺼`　　　จะ 짜`　　　ดุ 두`

· **중자음 + 장/단모음 + 생음 = 평성**

กิน 낀-　　จึง 쯩-　　　ตาม 땀-　　　บาน 반-

· **중자음 + 장/단모음 + 사음 = 1성**

กับ 깝`　　โดด 돗-`　　　บุก 북`　　　จอด 쩟-`

2) 초자음이 **고자음**인 경우 생음이면 **4성**(ˇ)이 되고, 사음이면 **1성**(`)이 됩니다.

· **고자음 + 장모음 = 4성**

ขา 카ˇ-　　ผี 피ˇ-　　หู 후ˇ-

· **고자음 + 단모음 = 1성**

ผุ 푸`　　แฉะ 채ˇ　　สิ 씨`

· **고자음 + 장/단모음 + 생음 = 4성**

แขน 캔ˇ-　　หัน 한ˇ　　สาม 쌈ˇ-　　ถุง 퉁ˇ

· **고자음 + 장/단모음 + 사음 = 1성**

หัก 학`　　ผิด 핏`　　ถูก 툭-`　　ถอด 텃-`

3) 초자음이 **저자음**인 경우 생음이면 **평성**(‐)이 되고, 장모음에 사음(종자음)이면 **2성**(^)
이 됩니다. 단모음으로 끝나거나, 단모음에 사음(종자음)이 오면 **3성**(´)이 됩니다.

- **저자음 + 장모음 = 평성**

  มา 마‐   พอ 퍼‐   ยา 야‐

- **저자음 + 단모음 = 3성**

  คะ 카́   เงาะ 응어́   และ 래́

- **저자음 + 장/단모음 + 생음 = 평성**

  ลิง 링‐   มัน 만‐   ยาย 야‐이   โมง 몽‐

- **저자음 + 장모음 + 사음 = 2성**

  คาบ 캅̂‐   ลูก 룩̂‐   พูด 풋̂‐   มาก 막̂‐

- **저자음 + 단모음 + 사음 = 3성**

  คับ 캅́   ลุก 룩́   พัก 팍́   คิด 킷́

자음	음절	성조
중자음	생음	평성(‐)
	사음	1성(ˋ)
고자음	생음	4성(ˇ)
	사음	1성(ˋ)
저자음	생음	평성(‐)
	장모음 + 사음	2성(^)
	단모음 + 사음	3성(´)

* 현재, 성조법과는 다르게 발음되는 몇몇 단어가 있습니다.

ดิฉัน 디찬́ → 디찬̀   เขา 카오̌ → 카오́   ไหม 마이̌ → 마이́

2. 유형 성조법

성조 부호는 ◌่ (마-이 엑-), ◌้ (마-이 토-), ◌๊ (마-이 뜨리-), ◌๋ (마-이 짯따와-)
4가지가 있습니다.

1) 중자음 음절에 ◌่ 부호가 오면 1성이 됩니다.　　ไก่ 까이　　ปู่ 뿌-
　중자음 음절에 ◌้ 부호가 오면 2성이 됩니다.　　ก้าว 까-우　　ต้น 똔
　중자음 음절에 ◌๊ 부호가 오면 3성이 됩니다.　　โจ๊ก 쪽　　โต๊ะ 또
　중자음 음절에 ◌๋ 부호가 오면 4성이 됩니다.　　ตั๋ว 뚜어　　จ๋า 짜-

2) 고자음 음절에 ◌่ 부호가 오면 1성이 됩니다.　　สิ่ง 씽　　ห่อ 허-
　고자음 음절에 ◌้ 부호가 오면 2성이 됩니다.　　ให้ 하이　　ส้ม 쏨

3) 저자음 음절에 ◌่ 부호가 오면 2성이 됩니다.　　พี่ 피-　　ค่า 카-
　저자음 음절에 ◌้ 부호가 오면 3성이 됩니다.　　ไม้ 마-이　　น้อง 넝-

부호 자음 종류	◌่	◌้	◌๊	◌๋
중자음	1성(ˋ)	2성(ˆ)	3성(ˊ)	4성(ˇ)
고자음	1성(ˋ)	2성(ˆ)	-	-
저자음	2성(ˆ)	3성(ˊ)	-	-

■ 기타 발음 규칙

1. 결합 자음 : 두 개의 자음이 단독모음과 결합한 경우입니다.

　1) อ이 ย 앞에 오면 อ은 묵음이 되고, 성조는 อ에 따라 중자음화 됩니다.

　　　อ + ย่า = อย่า　　야- (1성)　　~하지 마라

　　　อ + ยู่ = อยู่　　유- (1성)　　살다, 있다

　　　อ + ยาก = อยาก　　약- (1성)　　~하고 싶다, 원하다

　　　อ + ย่าง = อย่าง　　양- (1성)　　가지, 종류, ~처럼

2) **ห**이 **ง ญ น ม ย ร ล ว** 앞에 오면 **ห**은 묵음이 되고, 성조는 **ห**에 따라 고자음화 됩니다.

ห + นา = หนา   나- (4성)   두껍다

ห + มา = หมา   마- (4성)   개

ห + ยุด = หยุด   윳 (1성)   멈추다, 쉬다

ห + ลาย = หลาย   라-이 (4성)   여러

ห + วัด = หวัด   왓 (1성)   감기

3) 두 개의 자음이 단독모음과 결합하여 두 음절로 발음되는 경우입니다. 음절에서 단모음 '아' 음이 생략된 것으로, 자음과 자음 사이에 단모음 '아' 를 넣어 발음합니다.

สบาย 싸 바-이 (1성, 평성) 편안하다

ธนาคาร 타 나- 칸- (3성, 평성, 평성) 은행

ชนะ 차 나 (3성, 3성) 승리하다   **สภา** 싸 파- (1성, 평성) 의회

4) 고자음이나 중자음 뒤에 홀음자음(저자음)이 오는 경우 단모음 '아' 가 생략된 것으로 간주하며, 홀음자음(저자음)의 성조는 앞 자음에 따릅니다.

สนุก 싸 눅 (1성, 1성) 재미있다   **ขนาด** 카 낫- (1성, 1성) 크기

จมูก 짜 묵- (1성, 1성) 코   **ตลาด** 딸 랏- (1성, 1성) 시장

ถนน 타 논 (1성, 4성) 도로   **ขนม** 카 놈 (1성, 4성) 과자

5) **ก ค ต ป พ** 초자음 다음에 **ร ล ว**이 오면 첫 자음에 '으' 를 붙여 발음하며, 성조는 앞 자음에 따릅니다.

ปลา 쁠라- (평성) 물고기   **กระดาษ** 끄라 닷- (1성, 1성) 종이

ตรวจ 뜨루엇 (1성) 검사하다, 조사하다   **ครู** 크루- (평성) 선생

พระ 프라 (3성) 승려   **ประเทศ** 쁘라 텟- (1성, 2성) 국가

กว้าง 꽝- (2성) 넓다   **ความ** 쾀- (평성) 내용, 안건

6) **ก**+**ร**가 결합하여 초자음 위치에 있을 때는 **จ**로 발음하며, 성조도 **จ**저자음에 따릅니다.

ทราบ 쌉- (2성) 알다   **ทราย** 싸-이 (평성) 모래

7) **ร**가 몇몇 단어에서 묵음이 됩니다. 이러한 단어는 많지 않으므로 별도로 암기합니다.

สร้อย 써-이 (2성) 목걸이   **จริง** 찡 (평성) 정말로, 진짜의

สร้าง 쌍- (2성) 세우다, 건설하다   **เสร็จ** 쎘 (1성) 끝내다, 마치다

เพชร 펫 (3성) 다이아몬드   **เศรษฐกิจ** 쎘-타 낏 (1성, 1성, 1성) 경제

เศรษฐี 쎘-티- (1성, 4성) 부호, 백만장자

เศร้า 싸오 (2성) 우울한   **สรง** 쏭 (4성) 목욕하다(왕실)

สร่าง 쌍- (1성) 누그러지다, 진정되다

2. 변형 모음 및 기타 모음의 발음

1) 모음 ◌ะ 에 종자음이 오면 ◌ั 로 변형됩니다.

$$\text{ก} + \text{◌ะ} + \text{น} = \text{กัน}$$

ผัก 팍 (1성) 야채   **จับ** 짭 (1성) 잡다

2) 모음 โ◌ะ 에 종자음이 오면 โ◌ะ 는 생략되어, 초자음과 종자음만 남습니다.

$$\text{ห} + \text{โ◌ะ} + \text{ก} = \text{หก}$$

คน 콘 (평성) 사람   **นม** 놈 (평성) 우유

นก 녹 (3성) 새   **รถ** 롯 (3성) 차

3) 모음 เ◌ะ, แ◌ะ 에 종자음이 오면 부호 ◌็ (마이 따이 쿠-)로 변형됩니다.

ด + เ◌ะ+ก = เด็ก

เจ็บ 쩹 (1성) 아프다   เก็บ 껩 (1성) 모으다, 챙기다

เป็น 뺀 (평성) ~이다   แข็ง 캥 (4성) 단단한

4) 장모음 เ◌อ 에 종자음이 오면 เ◌ิ로 변형됩니다.

ด + เ◌อ +น = เดิน

เปิด 쁘엇- (1성) 열다   เพิ่ม 프엄- (2성) 추가하다

5) 모음 ◌ัว 에 종자음이 오면 - ว -로 변형됩니다.

ข + ◌ัว +ด = ขวด

รวย 루어이 (평성) 부유하다   สวน 쑤언 (4성) 정원

6) 모음 ◌ื 뒤에 종자음이 없는 경우, ◌ือ로 변형됩니다.

ม + ◌ื = มือ

คือ 크- (평성) ~이다   ถือ 트- (4성) 들다, 잡다

7) เ◌ย 는 '으ㅓ-이(으어이)'로 발음합니다.

เคย 크ㅓ-이(크어이) (평성) ~한 적이 있다

เลย 르ㅓ-이(르어이) (평성) 강조를 나타내는 어조사

8) **รร**가 음절의 중간에 위치하며 뒤에 종자음이 올 경우, 단모음 '아'로 발음하며, 음절의 끝에 위치할 때는 '안'으로 발음합니다.

กรรม 깜 (평성) 업, 업보, 인연　　　**สรรพ** 쌉 (1성) 각종의

บรรทุก 반툭 (평성, 3성) 싣다, 적재하다

ภรรยา 판야- (평성, 평성), 판라야- (평성, 3성, 평성) 아내

9) **ร**가 종자음에 올 경우 모음 '-어'가 생략된 것으로 '언-'으로 발음합니다.

พร 펀- (평성) 축복　　　**นคร** 나 컨- (3성, 평성) 도시

ละคร 라 컨- (3성, 평성) 연극　　　**ยโสธร** 야 쏘-턴- (3성, 4성, 평성) 야쏘턴

10) 끝음절에 **ติ / ตุ / มิ**이 있는 경우 이 모음은 발음하지 않습니다.

สัญชาติ 싼찻- (4성, 2성) 국적　　　**สาเหตุ** 싸-헷- (4성, 1성) 원인, 이유

สุวรรณภูมิ 쑤완나품- (1성, 평성, 3성, 평성) 황금대륙(인도차이나반도)

■ 기타 부호

1. ○́ (까-란) : 이 부호 아래의 문자는 묵음이 됩니다.

คอมพิวเตอร์ 컴-피우 뜨어- 컴퓨터　　**รถยนต์** 롯 욘 자동차

อาจารย์ 아-짠- 교수　　**รถเมล์** 롯 메- 버스

2. **ๆ** (마이 야목) : 이 부호 앞에 온 단어나 어구를 반복합니다.

จริงๆ 찡 찡 정말　　　**ช้าๆ** 차- 차- 천천히

ทุกวันๆ 툭완 툭완 매일, 일상

3. **ฯ** (빠이 얀- 너-이) : 도시명이나 긴 칭호를 줄여 쓸 때 사용합니다.

กรุงเทพฯ 끄룽 텝- : **กรุงเทพมหานคร** 끄룽 텝- 마하-나컨- 방콕

4. **ฯลฯ** (빠이 얀- 야이) : 영어의 'etc'와 같습니다. '등등'이라는 의미이며, '뺀똔'이라고 읽습니다.

1. ฉัน เป็น คน เกาหลี

2. เขา ใจดี

3. ฉัน ชอบ อาหาร ไทย

4. เรียน ภาษา ไทย สนุก ดี

5. คุณ สบายดี ไหม

6. ทำไม คุณ ไม่ ไป ทำงาน

7. เรา ไป ดู หนัง

8. วันนี้ วัน อะไร

9. เขา มา จาก เมือง ไทย

10. วันนี้ ร้อน มาก

11. ห้องน้ำ อยู่ ที่ไหน

12. มี ธุระ มาก จริงๆ

1. 찬 뻰 콘 까올리　　2. 카오 짜이디　　3. 찬 첩 아한 타이　　4. 리안 파싸 타이 싸눅 디

5. 쿤 싸바이디 마이　　6. 탐마이 쿤 마이 빠이 탐응안　　7. 라오 빠이 두 낭　　8. 완니 완 아라이

9. 카오 마 짝 므엉 타이　　10. 완니 런 막　　11. 헝남 유 티나이　　12. 미 투라 막 찡찡

PART 02

태국어 첫걸음

สวัสดีค่ะ
안녕하세요

기본 회화

A สวัสดีครับ 안녕하세요
싸`왓디- 크`랍

B สวัสดีค่ะ 안녕하세요
싸`왓디- 카^

A ผมชื่อทิมครับ 제 이름은 팀입니다.
폼˘ 츠- 팀 크`랍

คุณชื่ออะไรครับ 당신의 이름은 무엇입니까?
쿤 츠- 아라이 크`랍

B ดิฉันชื่อนิดค่ะ 제 이름은 닛입니다.
디`찬 츠- 닛^ 카^

ยินดีที่ได้รู้จัก 만나서 반갑습니다.
인디- 티- 다^이 루-짝

A เช่นกันครับ 저도 역시 그렇습니다.
첸^- 깐 크`랍

새 단어

สวัสดี 싸왓디- 안녕	คุณ 쿤 당신
ครับ 크랍 공손어 (남성)	อะไร 아라이 무엇
ค่ะ 카 공손어 (여성)	ดิฉัน 디찬 나 (여성용 1인칭)
ผม 폼 나 (남성용 1인칭)	ชื่อ 츠- 이름

■ **สวัสดีครับ / ค่ะ** [싸왓디-크랍 / 카]

'안녕하세요' 라는 의미로, 만나거나 헤어질 때의 인사말입니다. 아침 · 점심 · 저녁 모두 사용할 수 있습니다.

■ **ผม / ดิฉันชื่อ ○ ○ ○** [폼 / 디찬 츠-]

이처럼 ผม / ดิฉันชื่อ 뒤에 이름을 넣으면 '저는 ○ ○ ○ 라고 합니다' 라는 의미로 자신을 소개하는 말이 됩니다. 이름이 먼저 나오고 뒤에 성이 오는 순입니다. 또한 이외에도 '이름이 ~입니다' 라는 의미로도 쓰입니다.

ดิฉันชื่อสุดา　 디찬 츠- 쑤다-　 제 이름은 쑤다입니다.

มหาวิทยาลัยชื่อธรรมศาสตร์　 마하-윗타야-라이 츠- 탐마쌋-
대학 이름은 탐마쌋입니다.

ร้านอาหารชื่อบางลำพู　 란-아-한- 츠- 방-람푸-　 식당 이름은 방람푸입니다.

ตลาดชื่อเทเวศร์　 딸랏- 츠- 테-웻-　 시장 이름은 테웻입니다.

■ **ยินดีที่ได้รู้จัก** [인디- 티- 다이 루-짝]

'만나서 반갑습니다' 의 뜻으로, 처음 만났을 때의 인사말입니다.

■ **เช่นกัน** [첸- 깐]

ผม / ดิฉันก็เช่นเดียวกัน [폼 / 디찬 꺼 첸 디여우 깐]의 준말로 '같습니다', '저도 역시 그렇습니다', '마찬가지입니다' 의 뜻입니다.

■ **ครับ / ค่ะ** [크랍 / 카]

문장 맨 끝에 위치하는 **ครับ** 과 **ค่ะ**는 존칭을 나타내는 어조사로 정중한 표현이 됩니다.
화자가 남성인 경우 **ครับ**을 사용하고, 여성인 경우에는 **ค่ะ**(평서문) / **คะ**(의문문)를 사용합니다.

A : **สบายดีไหมคะ** 싸바-이 디- 마이 카　 잘 지내세요? (의문문)

B : **สบายดีค่ะ** 싸바-이 디- 카　 잘 지냅니다. (평서문)

■ 인칭대명사

구 분	단 수	복 수
1인칭	ผม 폼 나 (남성)	พวกผม 푸억 폼 우리 (남성)
	ดิฉัน 디찬 나 (여성)	พวกดิฉัน 푸억 디찬 우리 (여성)
	ฉัน 찬 나 (남 / 여)	พวกเรา 푸억 라오 우리들 (남/여)
2인칭	คุณ 쿤 너 (남 / 여)	พวกคุณ 푸억 쿤 당신들 (남 / 여)
	ท่าน 탄- 당신 (존칭)	
3인칭	เขา 카오 그 (남 / 여)	พวกเขา 푸억 카오 그들 (남 / 여)
	เธอ 트어- 그녀 (여성)	
	มัน 만 그것 (동물과 물건)	พวกมัน 푸억 만 그것들

〈1〉 1인칭 대명사 **ผม** [폼] : 남성이 사용, **ดิฉัน** [디찬] : 여성이 사용, **ฉัน** [찬] : 남녀 구별 없이 대등한 관계이거나 아랫사람에게 사용합니다.

ผมชอบสีขาว 폼 첩- 씨- 카-우   나는 흰색을 좋아합니다.

เขาชอบผม 카오 첩- 폼   그는 나를 좋아합니다.

ดิฉันชื่อสมใจ 디찬 츠- 쏨짜이   제 이름은 쏨짜이입니다.

เขาชอบดิฉัน 카오 첩- 디찬   그는 나를 좋아합니다.

ฉันเป็นคนเกาหลี 찬 뻰 콘 까올리-   나는 한국 사람입니다.

เขามาหาฉัน 카오 마-하- 찬   그는 나를 찾아왔다.

〈2〉 **หนู** [누-] : 나이 어린 여성이나 어린아이에게 사용합니다.

หนูชื่ออะไร 누- 츠- 아라이   네 이름은 뭐니?

พ่อรักหนู 퍼- 락 누-　아빠는 너를 사랑해.

หนูเป็นนักเรียน 누- 뻰 낙 리안　저는 학생입니다.

〈3〉 **คุณ** [쿤] : 2인칭 '너', '당신' 외에도 상대방의 이름 앞에 **คุณ**을 붙여서 'OO씨'로 부릅니다.

คุณทำงานที่ไหน 쿤 탐 응안- 티-나이　당신은 어디서 근무하나요?

ผมรักคุณ 폼 락 쿤　나는 당신을 사랑합니다.

คุณวีระอยู่ที่ห้อง 쿤 위-라 유- 티- 헝　위라 씨는 방에 있다.

〈4〉 3인칭 **เขา** [카오] : 남녀 구분 없이 모두 사용합니다.

เธอ [트어-] : 여성 사이에서 또는 남성이 친한 여성에게 사용합니다.

เขาจะไปไหน 카오 짜 빠이 나이　그는 어디 가나요?

เราคุยกับเขา 라오 쿠이 깝 카오　우리는 그와 이야기한다.

เธอจะไปไหน 트어- 짜 빠이 나이　그녀는 어디 가나요?

เราคุยกับเธอ 라오 쿠이 깝 트어-　우리는 그녀와 이야기한다.

〈5〉 **มัน** [만] : 동물과 물건에 사용하는 대명사입니다. 사람에게 사용할 때는 매우 경멸적이고 모욕적이므로 주의해야 합니다.

มันไม่ดี 만 마이 디-　그것은 나쁘다. (동물이나 물건에 사용)

ฉันเกลียดมัน 찬 끌리얏 만　나는 그것을 미워한다. (동물이나 물건에 사용)

มันไม่ดี 만 마이 디-　그는 나쁘다. (모욕적인 표현)

ฉันเกลียดมัน 찬 끌리얏 만　나는 그를 미워한다. (모욕적인 표현)

〈6〉 인칭대명사 단수 앞에 **พวก** [푸억] 이 오면 복수가 됩니다.

เราคุยกับพวกเขา 라오 쿠이 깝 푸억 카오　우리는 그들과 이야기한다.

ฉันเกลียดพวกมัน 찬 끌리얏 푸억 만　나는 그들을 미워한다. (모욕적인 표현)

| 응용 회화 |

A สบายดีไหมครับ 잘 지내세요?
싸 바–이 디– 마이 크랍

B สบายดีค่ะ 잘 지냅니다.
싸 바–이 디– 카

คุณล่ะคะ 당신은요?
쿤 라 카

A ผมก็สบายดี 저도 잘 지냅니다.
폼 꺼– 싸 바–이 디–

ขอบคุณครับ 고맙습니다.
컵–쿤 크랍

A ขอโทษครับ 죄송합니다.
커– 톳– 크랍

B ไม่เป็นไรค่ะ 괜찮습니다.
마이 뻰 라–이 카

A ขอบคุณครับ 고맙습니다.
컵– 쿤 크랍

B ไม่เป็นไรค่ะ 천만에요.
마이 뻰 라–이 카

🔖 새 단어

สบายดี 싸바–이 디– 잘 지내다		ขอบคุณ 컵– 쿤 고맙습니다
ล่ะ 라 (어조사) ~는요?		ขอโทษ 커– 톳– 죄송합니다
ก็ 꺼– ~도		ไม่เป็นไร 마이 뻰 라이 괜찮습니다

- **สบาย** [싸바-이] : ‘편안하다’는 의미입니다. 예를 들어 **สบายใจ** [싸바-이 짜이] 는 ‘마음이 편안하다’는 표현입니다.

- **สบายดีไหม** [싸바-이 디- 마이] : 태국 사람들은 **เป็นไง** [뻰-응아이], **เป็นอย่างไรบ้าง** [뻰 양-라이 방-] 으로 인사하기도 합니다.

  สบายดีหรือ 싸바-이 디- 르- 잘 지내세요?

  เป็นอย่างไรบ้าง 뻰 양-라이 방- 어떻게 지내세요?

  상황을 이해하고 있을 때는 종종 주어를 생략합니다.

  A : **คุณสบายดีไหม** 당신은 잘 지내세요? → **สบายดีไหม** 잘 지내세요?
  B : **ดิฉันสบายดี** 나는 잘 지냅니다. → **สบายดี** 잘 지냅니다.

- **ก็** [꺼-] : ‘~도’, ‘~도 또한’ 이라는 의미입니다. 주로 다른 사람의 동작을 자신도 반복할 때 동사 앞에 쓰입니다.

  ผมก็ไป 폼 꺼- 빠이 나도 갑니다.   **เขาก็มา** 카오 꺼- 마- 그도 옵니다.

- **ขอโทษ** [커- 톳-]
  ‘미안합니다’, ‘죄송합니다’, ‘실례합니다’ 라는 뜻으로 실수나 잘못을 했을 때 혹은 상대방의 양해를 구할 때 사용합니다. 이때 상대방은 **ไม่เป็นไร** [마이 뻰 라이] ‘괜찮습니다’ 라고 대답합니다.

- **ขอบคุณ** [컵- 쿤]
  ‘고맙습니다’, ‘감사합니다’ 라는 뜻으로 사용합니다. 이에 상대방은 **ไม่เป็นไร** [마이 뻰 라이] ‘별말씀을요’, ‘천만에요’ 라고 대답합니다. 같은 의미로 **ขอบใจ** [컵-짜이] ‘고맙다’ **ขอบพระคุณ** [컵-프라쿤] ‘감사합니다’ 등이 있습니다.

💬 다음 단어들을 우리말로 해석하세요.

1. ดิฉัน   __________________________

2. ผม   __________________________

3. ชื่อ   __________________________

💬 다음 문장을 태국어로 써 보세요.

4. 괜찮습니다.   __________________________

5. 안녕하세요.   __________________________

6. 죄송합니다.   __________________________

7. 고맙습니다.   __________________________

💬 다음 문장을 해석하세요.

8. สบายดีไหม   __________________________

9. คุณชื่ออะไร   __________________________

10. ยินดีที่ได้รู้จัก   __________________________

정답

1. 나 (여성 1인칭)   2. 나 (남성 1인칭)   3. 이름   4. ไม่เป็นไร

5. สวัสดี   6. ขอโทษ   7. ขอบคุณ   8. 잘 지내세요?

9. 당신의 이름은 무엇입니까?   10. 만나서 반갑습니다.

ร่างกาย 랑-까-이 신체

หัว 후어 **머리**

เส้นผม 쎈-폼 **머리카락**

หน้าผาก 나-팍- **이마**

ตา 따- **눈**

คิ้ว 키우 **눈썹**

จมูก 짜묵- **코**

ปาก 빡- **입**

แก้ม 깸- **볼, 뺨**

ริมฝีปาก 림퓌-빡- **입술**

หู 후- **귀**

ลิ้น 린 **혀**

ฟัน 퐌 **이, 치아**

คาง 캉- **턱**

นี่อะไร
이것은 무엇입니까?

기본 회화

A **นี่อะไร** 이것은 무엇입니까?
니– 아라이

B **กระเป๋า** 가방입니다.
끄라빠오

A **นั่นอะไร** 저것은 무엇입니까?
난 아라이

B **ยางลบ** 지우개입니다.
양–롭

A **นี่อะไร** 이것은 무엇입니까?
니– 아라이

B **นาฬิกา** 시계입니다.
날–리까–

새 단어

นี่ 니– 이것, 이 사람	**ยางลบ** 양–롭 지우개
กระเป๋า 끄라 빠오 가방	**นาฬิกา** 날–리까– 시계
นั่น 난 그것, 저것, 그(저) 사람	

■ **นี่** [니-] : '이것' 으로, 사물뿐만 아니라 사람도 가리키는 지시대명사입니다. '이 사람' 이라고 지칭합니다.

นี่กระเป๋า   니- 끄라 빠오   이것은 가방입니다.
นี่คุณพ่อของดิฉัน   니- 쿤퍼- 컹- 디찬   이분은 저의 아버지입니다.

■ **อะไร** [아라이] : '무엇', '무슨' 의 뜻을 가진 의문사입니다.

นี่อะไร   니- 아라이   이것은 무엇입니까?
นี่หนังสืออะไร   니- 낭쓰- 아라이   이것은 무슨 책입니까?

■ **นั่น** [난] : '그것', '저것'(먼 것)의 뜻을 나타내는 지시대명사입니다. '저것'(아주 먼 것)은 โน่น [논-]을 사용합니다.

นั่นหนังสือ   난 낭쓰-   그것은 책입니다.
โน่นคุณแม่ของดิฉัน   논- 쿤매- 컹- 디찬   저분은 저의 어머니입니다.

지시대명사와 지시형용사는 사람과 사물을 가리킬 때 사용합니다.

1. 지시대명사   นี่ '이것' / นั่น '그것' / โน่น '저것' 으로 지칭합니다.
2. 지시형용사   นี้, นั้น, โน้น 은 명사(또는 수량사) 뒤에 위치합니다.

นี่ 니- 이것	นั่น 난 그것, 저것(먼 것)	โน่น 논- 저것(아주 먼 것)
นี้ 니- 이	นั้น 난 그 / 저	โน้น 논- 저
คนนี้ 콘니- 이 사람	คนนั้น 콘 난 그 / 저 사람	คนโน้น 콘 논- 저 사람
ที่นี่ 티-니- 여기	ที่นั่น 티-난 거기	ที่โน่น 티-논- 저기

| 응용 회화 |

A นี่ปากกาหรือดินสอ 이것은 펜인가요, 연필인가요?
니- 빡-까- 르- 딘써-

B นั่นปากกา 그것은 펜입니다.
난 빡-까-

A นี่สมุดใช่ไหม 이것은 공책이지요?
니- 싸뭇 차이 마이

B ใช่ นี่สมุด 네, 이것은 공책입니다.
차이 니- 싸뭇

A นั่นหนังสือใช่ไหม 저것은 책이지요?
난 낭쓰- 차이 마이

B ไม่ใช่ นั่นไม่ใช่หนังสือ 아닙니다. 저것은 책이 아닙니다.
마이 차이 난 마이 차이 낭쓰-

A เข้าใจไหม 이해하십니까?
카오 짜이 마이

B เข้าใจ 이해합니다.
카오 짜이

📑 새 단어

ปากกา 빡-까- **펜**	ใช่ไหม 차이 마이 ~**이지요?** (의문조사)
ดินสอ 딘써- **연필**	ใช่ 차이 **네, 그렇다**
สมุด 싸뭇 **공책**	ไม่ใช่ 마이 차이 **아니다**
หนังสือ 낭쓰- **책**	

■ **ไหม** [마이]

의문조사 '~니까?' 의 의미로 문장 끝에 위치하며 긍정문에 사용합니다.

ไปไหม　빠이 마이　갑니까?

อยู่ไหม　유- 마이　있습니까?

■ **ใช่ไหม** [차이 마이]

'네' 라는 긍정적인 대답을 이끌어내기 위한 질문을 하려면 문장 끝에 '**ใช่ไหม** [차이 마이]' 를 사용합니다. 영어 문장 끝에 'right?'을 넣는 것과 같습니다.

ไปใช่ไหม　빠이 차이 마이　가지요?

คุณเป็นคนเกาหลีใช่ไหม　쿤 뻰 콘 까올리- 차이 마이　당신은 한국 사람이지요?

■ **หรือ** [르-]

의문문에서 의문조사로 사용될 때는 화자의 질문에 '네' 라는 긍정적인 대답을 희망할 때 사용합니다. 부정문에도 쓰입니다.

ไปหรือ　빠이 르-　가니? 〈You're going, (I hope)〉

มีหนังสือหรือ　미- 낭쓰- 르-　책 있니? 〈You have the book, (I hope)〉

คุณเป็นนักศึกษาหรือ　쿤 뻰 낙쓱싸- 르-　당신은 대학생인가요?

คุณเป็นคนเกาหลีหรือ　쿤 뻰 콘 까올리- 르-　당신은 한국인인가요?

ไม่ไปหรือ　마이 빠이 르-　안 가니? 〈부정문〉

★ 질문에서 '어느 / 어떤 것?'을 강조하고 싶을 때는 의문조사 **หรือเปล่า** [르- 쁠라오]를 사용합니다. 영어문장 끝에 'or not?'을 넣는 것과 같습니다.

คุณกินข้าวหรือเปล่า　쿤 낀 카-우 르- 쁠라오　너는 밥 먹었니, 안 먹었니?

อันนี้ เผ็ดหรือเปล่า　안니- 펫 르- 쁠라오　이것은 매워요, 안 매워요?

다음 단어들을 우리말로 써 보세요.

1. อะไร　　________________________

2. ปากกา　________________________

3. นี่　　　________________________

4. นั่น　　________________________

5. กระเป๋า　________________________

6. หนังสือ　________________________

다음 문장을 해석하세요.

7. เข้าใจไหม　________________________________

8. คุณชื่ออะไร　________________________________

9. นี่ปากกาหรือดินสอ　________________________________

10. นี่หนังสือพิมพ์ใช่ไหม　________________________

หลังคา 랑카- **지붕**	ห้องครัว 헝 크루어 **주방, 부엌**
กำแพง 깜팽- **벽**	ห้องน้ำ 헝 남- **화장실, 욕실**
หน้าต่าง 나-땅 **창문**	โรงรถ 롱-롯 **차고**
ประตู 쁘라뚜- **문**	ห้องใต้ดิน 헝 따이 딘 **지하실**
กระดิ่งเรียกคน 끄라딩 리약 콘 **초인종**	ห้องเก็บของ 헝 껩 컹- **창고**
ตู้ไปรษณีย์ 뚜-쁘라이싸니- **우편함**	สวน 쑤언 **정원**
บันได 반다이 **계단**	พื้น 픈- **바닥**
ห้องนั่งเล่น 헝 낭 렌 **거실**	ต้นไม้ 똔 마-이 **나무**
ห้องนอน 헝 넌- **침실**	

ฉันเป็นคนเกาหลีค่ะ
나는 한국 사람입니다.

| 기본 회화 |

A ผมเป็นคนไทยครับ 나는 태국 사람입니다.
폼 뻰 콘타이 크랍

คุณเป็นคนอะไรครับ 당신은 어느 나라 사람입니까?
쿤 뻰 콘 아라이 크랍

B ดิฉันเป็นคนเกาหลีค่ะ 나는 한국 사람입니다.
디찬 뻰 콘 까올리- 카

A คุณอยู่ที่ไหนครับ 당신은 어디 사세요?
쿤 유- 티-나이 크랍

B ดิฉันอยู่ที่กรุงโซลค่ะ 나는 서울에서 살아요.
디찬 유- 티- 끄룽쏜- 카

คุณล่ะคะ 당신은요?
쿤 라 카

A ผมอยู่ที่กรุงเทพฯครับ 나는 방콕에서 살아요.
폼 유- 티- 끄룽텝- 크랍

📖 새 단어

เป็น 뻰 ~이다	ล่ะ 라 ~는요?
คน 콘 사람	อยู่ 유- 살다, 거주하다
ไทย 타이 태국	ที่ 티- ~에
เกาหลี 까올리- 한국	กรุงเทพฯ 끄룽텝- 방콕
กรุงโซล 끄룽쏜- 서울	

■ **เป็น** [뻰]

‘~이다’ 라는 뜻의 동사입니다. 우리말과 태국어는 어순이 서로 달라서 때때로 실수하는 것이 바로 동사입니다. 태국어의 어순은 주어 + 술어 + 목적어 순입니다.

<u>ดิฉัน</u> 디찬 <u>เป็น</u> 뻰 **คนเกาหลี** 콘 까올리- 나는 한국 사람입니다.
　　나　　　　이다　　　　한국 사람

เขาเป็นคนอเมริกัน 카오 뻰 콘 아메-리깐 그는 미국 사람입니다.

นี่เป็นหนังสือ 니- 뻰 낭쓰- 이것은 책입니다.

นี่เป็นหนังสือภาษาไทย 니- 뻰 낭쓰- 파-싸-타이 이것은 태국어 책입니다.

■ **คุณเป็นคนชาติอะไร** [쿤 뻰 콘 찻 아라이]

‘당신은 어느 나라 사람인가요’ 라는 뜻으로, ชาติ은 종종 생략됩니다. 이와 비슷한 표현은 다음과 같습니다.

คุณมาจากประเทศไหน 쿤 마- 짝- 쁘라텟- 나이

คุณมาจากประเทศอะไร 쿤 마- 짝- 쁘라텟- 아라이

■ **อยู่** [유-]

여기서 **อยู่**는 ‘~에 살다’, ‘거주하다’ 라는 뜻의 동사입니다.

คุณอยู่ที่ไหน 쿤 유- 티- 나이 당신은 어디에 사세요?

ดิฉันอยู่ที่ซานฟรานซิสโก 디찬 유- 티- 싼-프란-씨싸꼬-
나는 샌프란시스코에 살아요.

■ **คนเกาหลี** [콘 까올리-]

명사가 명사를 수식하는 형태로, 우리말과 어순이 다릅니다.

คน 콘 사람 + เกาหลี 까올리- 한국 → **คนเกาหลี** 한국 사람

■ **คนต่างประเทศ :**

คน 콘 사람 + ต่างประเทศ 땅- 쁘라텟- 외국 → 외국 사람

คนไทย 콘 타이 태국 사람

คนจีน 콘 찐- 중국 사람

คนญี่ปุ่น 콘 이-뿐 일본 사람

คนอังกฤษ 콘 앙끄릿 영국 사람

คนอเมริกัน 콘 아메-리깐 미국 사람

■ **ภาษาต่างประเทศ :**

ภาษา 파-싸- 언어 + ต่างประเทศ 땅- 쁘라 텟- 외국 → 외국어

ภาษาเกาหลี 파-싸- 까올리- 한국어

ภาษาไทย 파-싸- 타이 태국어

ภาษาอังกฤษ 파-싸- 앙끄릿 영어

ภาษาจีน 파-싸- 찐- 중국어

ภาษาญี่ปุ่น 파-싸- 이-뿐 일본어

ภาษาลาว 파-싸- 라-우 라오스어

ภาษาเวียดนาม 파-싸- 위얏 남- 베트남어

ภาษาสเปน 파-싸- 싸뺀- 스페인어

ภาษารัสเซีย 파-싸- 랏씨야 러시아어

┃응용 회화┃

A หนังสืออยู่บนโต๊ะใช่ไหม 책은 테이블 위에 있지요?

낭쓰– 유– 본 또 차이 마이

B ไม่ใช่ 아닙니다.

마이 차이

หนังสือไม่ได้อยู่บนโต๊ะ 책은 테이블 위에 없었어요.

낭쓰– 마이 다이 유– 본 또

A คุณเป็นคนเกาหลีใช่ไหม 당신은 한국 사람이지요?

쿤 뻰 콘 까올리– 차이 마이

B ใช่ 네.

차이

ดิฉันเป็นคนเกาหลี 저는 한국 사람입니다.

디찬 뻰 콘 까올리–

A พวกเขาเป็นคนไทยหรือคนลาว

푸억 카오 뻰 콘 타이 르– 콘 라–우

그들은 태국 사람인가요, 라오스 사람인가요?

B พวกเขาเป็นคนไทย 그들은 태국 사람입니다.

푸억 카오 뻰 콘 타이

A ภาษาไทยยากไหม 태국어가 어려워요?

파–싸–타이 약– 마이

B ยาก 어렵습니다.

약–

새 단어

โต๊ะ 또 테이블	คนลาว 콘 라-우 라오스 사람
พวกเขา 푸억 카오 그들	ยาก 약- 어렵다

■ **ใช่ไหม** [차이 마이]

'~이지요?' 라는 뜻을 가진 의문조사입니다. 문장 끝에 쓰여 의문문을 만들 때 사용합니다. 이에 긍정일 때는 **ใช่** [차이], 부정일 때는 **ไม่ใช่** [마이 차이] 로 대답합니다.

คุณเป็นคนจีนใช่ไหม 쿤 뻰 콘 찐 차이 마이 당신은 중국 사람이지요?

ใช่ ดิฉันเป็นคนจีน 차이 디찬 뻰 콘 찐 네. 저는 중국 사람입니다.

ไม่ใช่ ดิฉันเป็นคนญี่ปุ่น 마이 차이 디찬 뻰 콘 이-뿐 아닙니다. 저는 일본 사람입니다.

■ **ดิฉันเป็นคนเกาหลี** [디찬 뻰 콘 까올리-]

'저는 한국 사람입니다' 라는 뜻입니다. **เป็น** [뻰] '~이다' 의 부정문은 **ไม่ใช่** [마이 차이] '아니다' 이며, 명사 앞에 위치합니다.

ดิฉันไม่ใช่คนเกาหลี 디찬 마이 차이 콘 까올리- 저는 한국 사람이 아닙니다.

■ **ไม่ได้** [마이 다이] : '~지 않았다', '~할 수 없다' 라는 의미로 동사와 함께 쓰입니다.

ไม่ได้ + 동사 : '~지 않았다' 라는 뜻으로, 과거를 부정할 때 쓰입니다.

หนังสือไม่ได้อยู่บนโต๊ะ 낭쓰- 마이 다이 유- 본 또 책은 테이블 위에 없었어요.

เมื่อวานนี้ไม่ได้ไปโรงเรียน 므어 완- 니- 마이 다이 빠이 롱-리안 어제는 학교에 가지 않았어요.

동사 + ไม่ได้ : '~할 수 없다' 라는 뜻으로 실행 불가능을 나타냅니다.

ผมไปไม่ได้ 폼 빠이 마이 다-이 나는 갈 수 없다.

■ **ไหม** [마이]

상대방의 의사를 물어보는 경우에 사용되는 의문조사입니다. 이에 긍정적인 대답일 때는 동사,

부정일 때는 동사 앞에 ไม่ [마이] 를 붙여 표현합니다.

ภาษาไทยยากไหม 파-싸-타이 약- 마이 태국어가 어려워요?

ยาก 약- 어렵습니다. 〈긍정〉 / ไม่ยาก 마이 약- 어렵지 않습니다. 〈부정〉

■ **ยาก** [약-]

'어렵다' 라는 뜻으로, 반의어는 ง่าย [응아-이] '쉽다' 입니다.

ภาษาไทยยากไหม 파-싸-타이 약- 마이 태국어가 어려워요?

ง่าย 응아-이 쉽습니다.

■ **태국어 문장의 어순**

기본적인 어순은 〈주어 + 동사 + 목적어〉 형태를 지닙니다. 수식어는 피수식어 뒤에 옵니다.

1. 주어 + 동사

   เขา ไป 카오 빠이 그는 간다.

2. 주어 + 동사 + 목적어

   ฉัน กิน ข้าว 찬 낀 카-우 나는 밥을 먹는다.

3. 주어 + 형용사

   อากาศ ดี 아-깟- 디- 날씨가 좋다.

4. 명사 + 형용사 (수식어)

   อาหาร อร่อย 아-한- 아러이 맛있는 음식

5. 명사 + 명사 (수식어)

   ตั๋ว เครื่องบิน 뚜어 크르엉빈 비행기 표

6. 주어 + 동사 + 목적어 (형용사 + 수식어)

   เขา กิน อาหาร อร่อย 카오 낀 아-한- 아러이 그는 맛있는 음식을 먹는다.

7. 주어 + 동사 + 동사 + 목적어 (명사 + 수식어)

   เขา ไป ซื้อ ตั๋ว เครื่องบิน 카오 빠이 쓰- 뚜어 크르엉빈

   그는 비행기 표를 사러 간다.

💬 다음 단어들을 태국어로 써 보세요.

1. 태국 사람 _______________________

2. 한국 사람 _______________________

3. 중국 사람 _______________________

💬 다음 단어들을 한국어로 써 보세요.

4. กรุงเทพฯ _______________________

5. โต๊ะ _______________________

6. ภาษาอังกฤษ _______________________

💬 다음 문장을 해석하세요.

7. คุณอยู่ที่ไหน _______________________

8. ดิฉันอยู่ที่กรุงโซล _______________________

9. ภาษาไทยยากไหม _______________________

10. เขาเป็นคนเกาหลี ไม่ใช่คนญี่ปุ่น _______________________

ครอบครัว 크-럽 크루어 **가족**

 พ่อ 퍼- **아버지**　　สามี 싸-미- **남편**

แม่ 매- **어머니**　　ภรรยา 판라야- **아내**

พี่สาว 피-싸-우 **누나, 언니**

พี่ชาย 피-차-이 **형, 오빠**

น้องชาย 넝-차-이 **남동생**

น้องสาว 넝-싸-우 **여동생**

ลูกชาย 룩-차-이 **아들**

ลูกสาว 룩-싸-우 **딸**

พี่น้อง 피-넝- **형제, 자매**

ปู่ พรุ– **할아버지**

ย่า ยะ– **할머니**

ตา ตา– **외할아버지**

ยาย ยา–อี **외할머니**

ลูกพี่ลูกน้อง ลูก–พี่–ลูก–น้ง– **사촌**

หลานชาย ลาน– ชา–อี **손자**

หลานสาว ลาน– ซา–อู **손녀**

ลุง ลุง **큰아버지, 외삼촌** (Mother/fathers older brother)

ป้า ป้า– **큰어머니, 외숙모, 고모** (Mother/fathers older sister)

อา อา– **삼촌, 고모** (fathers younger brother/sister)

น้า นา– **외삼촌, 이모** (Mothers younger brother/sister)

ห้องน้ำอยู่ที่ไหน
화장실은 어디에 있어요?

기본 회화

A โทรศัพท์มือถืออยู่ที่ไหน 휴대폰은 어디 있어요?
토-라쌉 므-트- 유- 티-나이

B โทรศัพท์มือถืออยู่บนเก้าอี้ 휴대폰은 의자 위에 있어요.
토-라쌉 므-트- 유- 본 까오이-

A เขาอยู่ที่ไหน 그는 어디에 있어요?
카오 유 티-나이

B เขาไม่อยู่ที่นี่ 그는 여기 있지 않아요.
카오 마이 유- 티-니-

เขาอยู่ที่นั่น 그는 저기 있어요.
카오 유- 티-난

A คุณอยู่ที่ไหน 너는 어디에 있니?
쿤 유- 티- 나이

B ดิฉันไม่อยู่ที่บ้าน 나는 집에 있지 않아요.
디찬 마이 유- 티- 반-

ดิฉันอยู่ที่ห้องสมุด 나는 도서관에 있어요.
디찬 유- 티- 헝싸뭇

새 단어

โทรศัพท์มือถือ 토-라쌉 므-트- 휴대폰	เก้าอี้ 까오 이- 의자
ที่ 티- ~에	ไม่ 마이 ~아니다, 않다
บน 본 위에	ห้องสมุด 헝 싸뭇 도서관

■ **โทรศัพท์มือถือ** [토-라쌉 므-트-] : '휴대폰' 이라는 의미로, 일상적으로 편하게 쓸 때는 **มือถือ** [므-트-]라고 줄여 말합니다.

■ **อยู่** [유-]

'~에 있다' 는 의미입니다. **อยู่** [유-] 뒤에는 장소를 나타내는 단어가 옵니다. 사람이나 사물의 존재를 나타내며, 반의어는 **ไม่อยู่** [마이 유-] '~에 없다' 입니다.

น้องอยู่บ้าน   녕- 유- 반-   동생은 집에 있습니다.
โทรศัพท์อยู่ที่ไหน   토-라쌉 유- 티- 나이   전화는 어디에 있어요?
คุณแม่อยู่บ้าน   쿤매- 유- 반-   어머니는 집에 있습니다.
คุณพ่อไม่อยู่บ้าน   쿤퍼- 마이 유- 반-   아버지는 집에 있지 않습니다.

■ **ไม่** [마이]

'~않다', '~아니다' 라는 의미로, 동작이나 상태를 부정하여 부정문을 만듭니다. 형용사나 동사 등 문장성분 앞에 위치합니다.

ดิฉันไม่อยู่บ้าน   디찬 마이 유- 반-   나는 집에 있지 않아요.
เขาไม่มา   카오 마이 마-   그는 오지 않습니다.
เขาไม่กิน   카오 마이 낀   그는 먹지 않습니다.
ผมไม่ไป   폼 마이 빠이   나는 가지 않습니다.
อากาศไม่ดี   아-깟- 마이 디-   날씨가 좋지 않습니다.
หนังสือเล่มนี้ไม่สนุก   낭쓰-렘 니- 마이 싸눅   이 책은 재미있지 않아요.

응용 회화

A ขอโทษ ห้องน้ำอยู่ที่ไหนครับ
커-톳- 헝 남- 유- 티- 나이 크랍

실례합니다.　화장실은 어디에 있어요?

B ห้องน้ำอยู่ทางซ้ายค่ะ　화장실은 왼쪽에 있어요.
헝 남- 유- 탕- 싸-이 카

A โรงแรมอยู่ทางไหน　호텔은 어느 쪽에 있나요?
롱- 램- 유- 탕- 나이

B อยู่ทางขวามือ　오른쪽에 있어요.
유- 탕- 콰- 므-

A ห้องสมุดไปทางไหนครับ　도서관은 어느 쪽으로 가나요?
헝 싸뭇 빠이 탕- 나이 크랍

B เดินตรงไป แล้วเลี้ยวขวาค่ะ　곧장 가서 오른쪽으로 돌아가세요.
드언- 뜨롱 빠이 래-우 리여우 콰- 카

A ร้านอาหารไทยไปทางไหน　태국 식당은 어느 쪽으로 가나요?
란-아-한-타이 빠이 탕- 나이

B เดินเลี้ยวซ้าย　왼쪽으로 돌아가세요.
드언- 리여우 싸-이

A ขอบคุณครับ　고맙습니다.
컵- 쿤 크랍

B ไม่เป็นไรค่ะ　천만에요.
마이 뺀 라이 카

새 단어

ห้องน้ำ 헝 남- 화장실	ตรงไป 뜨롱 빠이 똑바로, 곧장
อยู่ 유- 있다, 존재하다	แล้ว 래-우 그리고 나서, 후에
ทางซ้าย 탕- 싸-이 왼쪽	เลี้ยวขวา 리여우 콰- 우회전하다
โรงแรม 롱-램 호텔	ร้านอาหาร 란- 아-한- 식당
ทางขวามือ 탕- 콰-므 오른쪽	เลี้ยวซ้าย 리여우 싸-이 좌회전하다
เดิน 드언- 걷다	

■ **ขอโทษ** [커-톳-]

'실례합니다' 라는 뜻으로, 여기서는 '말씀 좀 묻겠습니다.' 라는 의미로 사용한 표현입니다.

■ **เดินตรงไป** [드언- 뜨롱 빠이]

'직진하다' 는 뜻입니다. 한편 **หันหลังไป** [한 랑 빠이], **ย้อนกลับไป** [연- 끌랍 빠이]는 '되돌아가다' 라는 의미입니다.

■ 자주 쓰는 방위사

บน 본- 위	ล่าง 랑- 아래
หน้า 나- 앞	หลัง 랑 뒤
ซ้าย 싸-이 좌(왼쪽)	ขวา 콰- 우(오른쪽)
ข้าง 캉- 옆	ตรงกลาง 뜨롱 끌랑- 중앙
ข้างใน 캉-나이 안쪽	ข้างนอก 캉- 넉- 바깥쪽
ทิศตะวันออก 팃 따완억- 동쪽	ทิศตะวันตก 팃 따완똑 서쪽

ทิศใต้ 팃 따이 남쪽	ทิศเหนือ 팃 느아 북쪽
ภาคกลาง 팍– 끌랑– 중부	ภาคเหนือ 팍– 느아 북부
ภาคอีสาน 팍– 이–싼– 동북부	ภาคใต้ 팍– 따이 남부

รถอยู่ทางซ้าย 롯 유– 탕– 싸–이   차는 왼쪽에 있습니다.

โรงเรียนอยู่ทางซ้ายมือ 롱–리안 유– 탕– 싸–이 므–   학교는 왼쪽에 있습니다.

บ้านอยู่ขวามือ 반– 유– 콰– 므–   집은 오른쪽에 있습니다.

ธนาคารอยู่ทางขวามือ 타나–칸– 유– 탕– 콰– 므–   은행은 오른쪽에 있습니다.

สนามบินอยู่ข้างหน้า 싸남–빈 유– 캉– 나–   공항은 앞쪽에 있습니다.

ร้านอาหารเกาหลีอยู่ข้างหลัง 란–아–한– 까올리– 유– 캉– 랑
한국 식당은 뒤쪽에 있습니다.

💬 빈칸에 알맞은 단어를 골라 문장을 완성하세요.

> ตรงไป ที่นี่ บน ไหน

1. เขาไม่อยู่ __________ 그는 여기 있지 않아요.

2. ห้องสมุดไปทาง __________ คะ 도서관은 어느 쪽으로 가나요?

3. เดิน __________ แล้วเลี้ยวขวาค่ะ 곧장 가서 오른쪽으로 돌아가세요.

4. โทรศัพท์อยู่ __________ เก้าอี้ 전화는 의자 위에 있어요.

💬 다음 단어들을 태국어로 써 보세요.

5. 휴대폰　　__________________________

6. 좌회전하다　__________________________

7. 우회전하다　__________________________

💬 다음 문장을 해석하세요.

8. ห้องน้ำอยู่ที่ไหน __________________________

9. ร้านอาหารไปทางไหน __________________________

10. เขาอยู่ที่นั่น __________________________

เตียงนอน 띠양 넌- **침대**	**หนังสือ** 낭쓰- **책**
หมอน 먼- **베개**	**คอมพิวเตอร์** 컴-피우떠- **컴퓨터**
ผ้าห่ม 파- 홈 **이불**	**วิทยุ** 윗타유 **라디오**
โต๊ะเขียนหนังสือ 또 키얀 낭쓰- **책상**	**โทรศัพท์** 토-라쌉 **전화**
เก้าอี้ 까오 이- **의자**	**โคมไฟตั้งโต๊ะ** 콤- 퐈이 땅 또 **전등, 스탠드**
ตู้หนังสือ 뚜- 낭쓰- **책장**	**แอร์** 애- **에어컨**

기본 회화

A ขอโทษ คุณมาจากไหนครับ
커-톳-   쿤 마- 짝- 나이 크랍
실례합니다. 당신은 어디에서 왔나요?

B ดิฉันมาจากประเทศเกาหลีค่ะ   저는 한국에서 왔어요.
디찬 마- 짝- 쁘라텟- 까올리- 카

แล้วคุณล่ะ   당신은요?
래-우 쿤 라

A มาจากประเทศจีนครับ   중국에서 왔어요.
마- 짝- 쁘라텟- 찐- 크랍

คุณพักที่ไหนครับ   당신은 어디에 묵고 있어요?
쿤 팍 티- 나이 크랍

B โรงแรมแถวสุขุมวิทค่ะ   쑤쿰윗 근처 호텔에요.
롱-램- 태-우 쑤쿰윗 카

แล้วคุณล่ะ คุณพักที่ไหนคะ   그러면, 당신은요? 어디에 묵으세요?
래-우 쿤 라   쿤 팍 티- 나이 카

B อพาร์ทเม้นท์ที่บางลำพู   방람푸 아파트에요.
아팟-멘 티- 방-람푸-

새 단어

มา 마- 오다		โรงแรม 롱-램- 호텔	
จาก 짝- ~로부터		แถว 태-우 근처	
พัก 팍 머무르다		อพาร์ทเม้นท์ 아팟-멘 아파트	

■ **ขอโทษ** [커-톳-] : '실례합니다' 라는 의미로, 무엇인가를 물어볼 때 사용하는 공손한 표현
이며, 물어보려는 말 앞에 사용합니다.

■ **ไหน** [나이] : '어디' 라는 뜻으로 장소를 묻는 의문사입니다.

ที่นี่ ที่ไหน   티-니- 티- 나이   여기가 어디니?

คุณไปไหน   쿤 빠이 나이   너는 어디 가니?

■ **แล้ว** [래-우] : 문장 앞에 사용된 경우에는 '그러면' 의 뜻을 가진 접속사입니다.

แล้วคุณล่ะ   래-우 쿤 라   그러면, 당신은요?

■ **ล่ะ** [라]

'~는요?' 의 뜻으로 질문한 내용을 다시 되물을 때 사용하는 표현입니다. 우리말에서도 '~너
는?' 이라고 하듯이 태국어에서도 같은 질문은 생략하고 ล่ะ 로 묻습니다.

คุณแม่ล่ะ   쿤매- 라   어머니는요?

น้องล่ะ   넝- 라   동생은요?

■ **มาจาก** [마- 짝-] : '~에서 오다' 의 의미입니다.

A : คุณมาจากภาคไหน   쿤 마- 짝- 팍-나이   당신은 어느 지역에서 왔어요?

B : ดิฉันมาจากภาคใต้   디찬 마- 짝- 팍- 따이   나는 남부에서 왔어요.

A : คุณมาจากประเทศอะไร   쿤 마- 짝- 쁘라텟-아라이   당신은 어느 나라에서 왔어요?

B : ดิฉันมาจากอเมริกา   디찬 마- 짝- 아메-리까-   나는 미국에서 왔어요.

| 응용 회화 |

A คุณมาทำอะไรที่เมืองไทยครับ

쿤 마- 탐 아라이 티- 므엉 타이 크랍

당신은 태국에 무엇을 하러 왔어요?

B มาเรียนภาษาไทยค่ะ แล้วคุณล่ะคะ

마- 리안 파-싸- 타이 카   래-우 쿤 라 카

태국어를 배우러 왔어요.   그럼 당신은요?

A ผมมาเที่ยวครับ   저는 놀러 왔습니다.

폼 마- 티야우 크랍

A คุณมาทำอะไรที่เชียงใหม่ครับ

쿤 마- 탐 아라이 티- 치앙마이 크랍

당신은 치앙마이에 무엇을 하러 왔나요?

B ดิฉันมาประชุมค่ะ   저는 회의(미팅)하러 왔어요.

디찬 마- 쁘라춤 카

A คุณมาทำอะไรที่ภูเก็ตครับ   당신은 푸껫에 무엇을 하러 왔어요?

쿤 마- 탐 아라이 티- 푸-껫 크랍

B ดิฉันมาอบรมค่ะ   저는 연수 왔어요.

디찬 마- 옵롬 카

🔖 새 단어

ทำ 탐 하다

เชียงใหม่ 치앙마이 태국 북부의 도시

ประชุม 쁘라춤 회의, 회의하다

ภูเก็ต 푸-껫 태국의 가장 큰 섬

อบรม 옵롬 연수하다

■ **อะไร** [อาไร] : '무엇' 의 의미를 가진 의문사입니다.

ทำอะไร　탐 아라이　무엇을 하니? 〈의문대명사로 사용〉

อะไรก็ได้　아라이 꺼- 다이　무엇이든 됩니다. 〈부정칭 대명사로 사용〉

■ **เมืองไทย** [므엉 타이]

'태국' 이라는 의미입니다. **เมือง** [므엉] 은 '도시' 또는 '국가' 를 뜻하며, **ไทย** [타이] 는 고유 명사로 '타이족' 또는 '타이어' 를 의미합니다

■ **มาเที่ยว** [마- 티여우] : '놀러 오다' 라는 뜻으로 **เที่ยว**는 주로 앞에 다른 동사와 함께 쓰입니다.

ไปเที่ยว　빠이 티여우　놀러 가다

ท่องเที่ยว　텅- 티여우　여행하다

■ **ประชุม** [쁘라춤] : '회의하다(동사)', '회의(명사)' 두 가지 의미가 있습니다.

เข้าร่วมประชุม　카오 루엄 쁘라춤　회의에 참석하다

การประชุม　깐- 쁘라춤　회의

■ **ที่** [티-] : '~에', '~에서' 라는 뜻으로 장소 앞에 위치합니다. 때로는 생략 가능합니다.

คุณไปไหน　쿤 빠이 나이　너는 어디 가니?

เขาอยู่ที่ไหน　카오 유- 티- 나이　그는 어디에 있니?

💬 빈칸에 알맞은 단어를 골라 문장을 완성하세요.

> แถว   อบรม   จาก   พัก

1. คุณมา ___________ ไหน   당신은 어디에서 왔어요?

2. คุณ ___________ ที่ไหน   당신은 어디에 묵으세요?

3. โรงแรม ___________ สุขุมวิท   쑤쿰윗 근처 호텔에요.

4. ดิฉันมา ___________   저는 연수 왔어요.

💬 다음 단어들을 태국어로 써 보세요.

5. 놀러 오다 ___________________________

6. 배우다 ___________________________

7. 회의하다 ___________________________

💬 다음 문장을 해석하세요.

8. คุณมาทำอะไรที่เมืองไทย ___________________________

9. คุณล่ะ ___________________________

10. มาจากประเทศจีน ___________________________

ห้องนั่งเล่น _{형 낭 렌} **거실**

โซฟา 쏘-퐈- **소파**

ม่าน 만- **커튼**

โต๊ะ 또 **탁자, 테이블**

ทีวี 티- 위- **텔레비전**

ถังขยะ 탕 카야 **쓰레기통, 휴지통**

หนังสือพิมพ์ 낭쓰-핌 **신문**

เครื่องดูดฝุ่น 크르엉 둣- 푼 **청소기**

พรม 프롬 **카펫**

เครื่องเล่นดีวีดี 크르엉 렌 디-위-디- DVD **플레이어**

ปฏิทิน 빠띠틴 **달력**

อันนี้เท่าไหร่
이것은 얼마입니까?

| 기본 회화 |

A อันนี้เท่าไหร่คะ 이것은 얼마입니까?
안 니- 타오 라이 카

B ห้าสิบบาทครับ 50바트입니다.
하-씹 밧- 크랍

A แพงมาก 너무 비싸요.
팽- 막-

อันนั้นกี่บาทคะ 저것은 몇 바트입니까?
안난 끼- 밧- 카

B สี่สิบบาทครับ 40 바트입니다.
씨-씹 밧- 크랍

A ไม่แพง ดิฉันเอาอันนี้ 비싸지 않네요. 저는 이걸로 할게요.
마이 팽- 디찬 아오 안 니-

B ขอบคุณครับ 감사합니다.
컵- 쿤 크랍

🗐 새 단어

อันนี้ 안 니- 이것	มาก 막- 많이, 아주
เท่าไหร่ 타오 라이 얼마	อันนั้น 안 난 그것, 저것
ห้าสิบ 하-씹 50	กี่ 끼- 몇
บาท 밧- 바트	สี่สิบ 씨-씹 40
แพง 팽- 비싸다	เอา 아오 가지다

■ **อันนี้** [안 니-]는 이것(this one)이며, **อันนั้น** [안 난]은 저것(that one)입니다.

นี่เท่าไหร่   니- 타오 라이 = How much is this?

อันนี้เท่าไหร่   안 니- 타오 라이 = How much is this one?

■ **เท่าไหร่** [타오 라이]

'얼마' (how much)를 뜻하며, 셀 수 없는 명사(불가산명사)의 수량을 질문할 때 수량사 없이 사용합니다.

กี่ [끼-] : '몇' (how many)을 의미하며 수량사를 동반합니다.

อันนั้นเท่าไหร่   안 난 타오 라이 = How much is that one?

อันนั้นกี่บาท   안 난 끼- 밧- = How many baht is that one?

■ **มาก** [막-] : '아주' , ' 매우' 라는 뜻으로 형용사 뒤에 사용합니다.

แพงมาก   팽- 막-   아주 비싸요.

ดีมาก   디- 막-   아주 좋아요.

■ 숫자 읽기

1	หนึ่ง 능	8	แปด 뺏-
2	สอง 썽-	9	เก้า 까-오
3	สาม 쌈-	10	สิบ 씹
4	สี่ 씨-	11	สิบเอ็ด 씹 엣
5	ห้า 하-	12	สิบสอง 씹 썽-
6	หก 혹	20	ยี่สิบ 이-씹

7	เจ็ด ^쩻	21	ยี่สิบเอ็ด ^{이-씹 엣}
22	ยี่สิบสอง ^{이-씹 썽-}	90	เก้าสิบ ^{까-오 씹}
30	สามสิบ ^{쌈-씹}	99	เก้าสิบเก้า ^{까-오 씹 까-오}
31	สามสิบเอ็ด ^{쌈-씹 엣}	100	(หนึ่ง)ร้อย ^{(능) 러-이}
32	สามสิบสอง ^{쌈-씹 썽-}	200	สองร้อย ^{썽- 러-이}
40	สี่สิบ ^{씨-씹}	1,000	(หนึ่ง)พัน ^{(능) 판}
41	สี่สิบเอ็ด ^{씨-씹 엣}	2,000	สองพัน ^{썽- 판}
50	ห้าสิบ ^{하-씹}	10,000	(หนึ่ง)หมื่น ^{(능) 믄-}
60	หกสิบ ^{혹 씹}	100,000	(หนึ่ง)แสน ^{(능) 쌘-}
70	เจ็ดสิบ ^{쩻 씹}	1,000,000	(หนึ่ง)ล้าน ^{(능) 란-}
80	แปดสิบ ^{뺏-씹}	10,000,000	สิบล้าน ^{씹 란-}

* 11에서 99까지의 수: 1은 '능' 이지만 11서부터는 '씹능' 이 아니라 '씹엣' 이 됩니다.

① 소수점과 분수

소수점은 จุด [쭛] 이라고 읽습니다. 소수점 이하는 한 자씩 읽습니다.

1.5 หนึ่ง จุด ห้า ^{능쭛하-}

47.65 สี่สิบเจ็ด จุด หกห้า ^{씨-씹 쩻 쭛 혹 하-}

$\frac{3}{4}$ สาม ส่วน สี่ ^{쌈- 쑤언 씨-}

$2\frac{3}{4}$ สอง เศษ สาม ส่วน สี่ ^{썽- 쎗- 쌈- 쑤언 씨-}

0.75% ศูนย์ จุด เจ็ดห้า เปอร์เซ็นต์ ^{쑨- 쭛 쩻 하- 뻐쎈}

② 서수는 기수 앞에 ที่ [티-] 넣어 표현합니다. 기수는 수량사와 함께 쓰이며, 서수는 수량사와

결합되어 있는 경우에는 ที่ [티-]가 생략될 때도 있습니다.

ที่หนึ่ง 티- 능 첫 번째

ที่สอง 티- 썽- 두 번째

ที่สาม 티- 쌈- 세 번째

คนที่สาม 콘 티- 쌈- 세 번째 사람

คนที่สี่ 콘 티- 씨- 네 번째 사람

ชั้นที่ห้า 찬 티- 하- 다섯 번째 층

ชั้นห้า 찬 하- 다섯 번째 층(ที่ 생략)

2 คน 썽- 콘 두 명

3 ชั้น 쌈- 찬 3층(짜리)

③ 전화번호를 말할 때는 한 자씩 읽습니다. 수 중간에 0이 오면 ศูนย์ [쑨-]이라고 읽습니다.

9 1 4 − 5 8 0 3
เก้า หนึ่ง สี่   ห้า แปด ศูนย์ สาม
까-오 능 씨-   하- 빼- 쑨- 쌈-

④ 태국인은 서기를 사용하지만 불기를 더 많이 사용합니다.

서기에 543을 더하면 불기가 됩니다.

서기 2017년 ค.ศ. สองพันสิบเจ็ด 커-써- 썽 판 씹 쩻

불기 2560년 พ.ศ. สองพันห้าร้อยหกสิบ 퍼-써- 썽-판 하- 러-이 혹 씹

응용 회화

A นี่เรียกว่าอะไรคะ　이것은 뭐라고 부릅니까?
니- 리약 와- 아라이 카

B มังคุดครับ　망고스틴입니다.
망쿳 크랍

A ขายอย่างไรคะ　어떻게 팝니까?
카-이 양-라이 카

B กิโลละ 45 บาทครับ　킬로당 45바트입니다.
낄로- 라 씨-씹 하- 밧- 크랍

A ลดหน่อยได้ไหมคะ　좀 깎아주실 수 있으세요?
롯 너이 다이 마이 카

B 40 บาทก็แล้วกัน　40바트에 하기로 하죠.
씨-씹 밧- 꺼- 래-우 깐

A ซื้อ 1 กิโลค่ะ　1킬로그램 살게요.
쓰- 능 낄로- 카

새 단어

เรียก 리약 부르다	**ละ** 라 ~당
ว่า 와- ~라고	**ลด** 롯 깎다, 줄어들다, 내리다
มังคุด 망쿳 망고스틴	**หน่อย** 너이 좀
ขาย 카-이 팔다	**ก็แล้วกัน** 꺼- 래-우 깐 ~하기로 하자
อย่างไร 양-라이 어떻게	**ซื้อ** 쓰- 사다
กิโล 낄로- 킬로그램	

■ **เรียกว่า** [리약 와-] : ~라고 부르다

นี่เรียกว่าอะไรคะ 니- 리약 와- 아라이 카 이것은 뭐라고 부릅니까?

นี่ภาษาไทยเรียกว่าอะไร 니- 파-싸-타이 리약 와- 아라이

이것은 태국어로 뭐라고 부릅니까?

■ **ขายอย่างไร** [카-이 양-라이] : 어떻게 팔아요?

มังคุดขายอย่างไร 망쿳 카-이 양-라이 망쿳은 어떻게 팔아요?

แตงโมขายอย่างไร 땡-모- 카-이 양-라이 수박은 어떻게 팔아요?

เงาะขายอย่างไร 응어 카-이 양-라이 람부탄은 어떻게 팔아요?

■ **ละ** [라] : ~당

กิโลละ 30 บาท 낄로- 라 쌈-씹 밧- 킬로그램당 30바트

กิโลละ 40 บาท 낄로- 라 씨-씹 밧- 킬로그램당 40바트

■ **หน่อยได้ไหม** [너이 다이 마이] : 겸양의 표현으로 문장 끝에 쓰입니다.

ลดหน่อยได้ไหม 롯 너이 다이 마이 좀 깎아주실 수 있으세요?

ขอลดอีกหน่อยได้ไหม 커- 롯 익- 너이 다이 마이 좀 더 깎아주실 수 있으세요?

รบกวนถามอะไรหน่อยได้ไหม 롭꾸언 탐- 아라이 너이 다이 마이

뭐 좀 물어봐도 되겠습니까?

■ **ก็แล้วกัน** [꺼- 래-우 깐] : '~하기로 합시다' 라는 의미의 관용어입니다.

■ **타이의 고유 숫자**

1 ๑ หนึ่ง 능	2 ๒ สอง 썽-	3 ๓ สาม 쌈-	4 ๔ สี่ 씨-	5 ๕ ห้า 하-
6 ๖ หก 혹	7 ๗ เจ็ด 쩻	8 ๘ แปด 뺏-	9 ๙ เก้า 까-오	10 ๑๐ สิบ 씹

💬 빈칸에 알맞은 단어를 골라 문장을 완성하세요.

> ลด   ละ   เอา   กี่

1. อันนั้น _______ บาทคะ 저것은 몇 바트입니까?
2. ไม่แพง ดิฉัน _______ อันนี้ 비싸지 않네요. 저는 이걸로 할게요.
3. _______ หน่อยได้ไหมคะ 좀 깎아주실 수 있으세요?
4. กิโล _______ 45 บาทค่ะ 킬로그램당 45바트입니다.

💬 다음 금액을 읽어 보세요.

5. 32 ฿ ____
6. 520 ฿ ____
7. สองพันเจ็ดร้อยหกสิบ _____________________________

💬 다음 문장을 해석하세요.

8. อันนี้เท่าไหร่คะ _____________________________
9. นี่เรียกว่าอะไรคะ _____________________________
10. 40 บาทก็แล้วกัน _____________________________

정답

1. กี่　　　2. เอา　　　3. ลด　　　4. ละ
5. สามสิบสองบาท　　6. ห้าร้อยยี่สิบบาท　　7. 2,760　　8. 이것은 얼마입니까?
9. 이것은 뭐라고 부릅니까?　10. 40바트에 하기로 하죠.

ผลไม้ 폰라 마-이 과일

แตงโม 땅-모- **수박**

สับปะรด
쌉빠롯 **파인애플**

ส้ม 쏨 **오렌지, 귤**

กล้วย 끌루어이 **바나나**

มะละกอ 말라꺼- **파파야**

ทุเรียน 투리안 **두리안**

มะนาว 마나-우 **라임**

มังคุด 망쿳 **망고스틴**

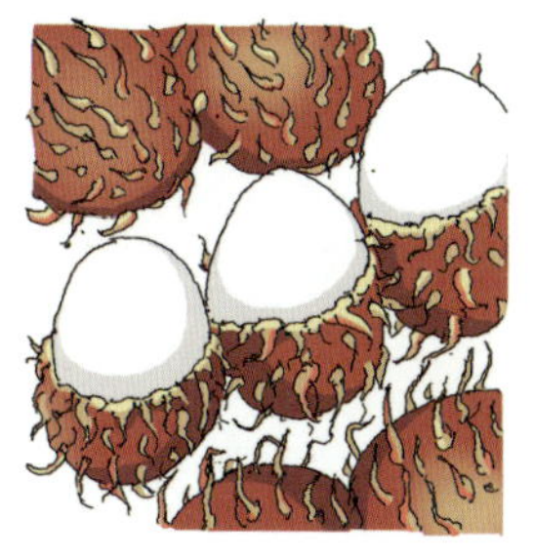

เงาะ 응어 **람부탄**

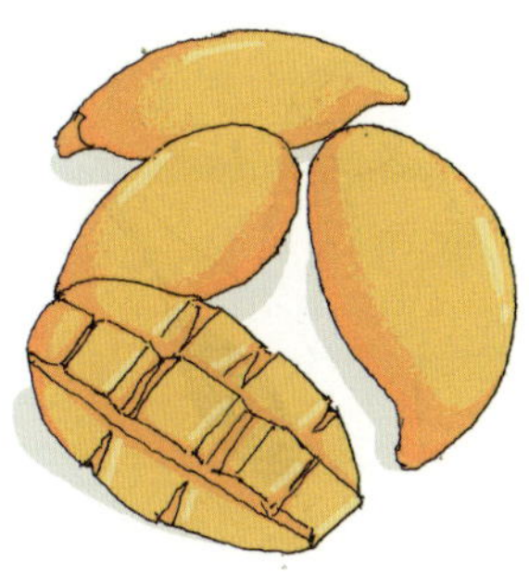

มะม่วง 마무엉 **망고**

ฝรั่ง 퐈랑 **구아바**

คุณชอบทานอาหารไทยไหม
당신은 태국 음식을 좋아하세요?

기본 회화

A คุณชอบอาหารอะไร 당신은 무슨 음식을 좋아하세요?
쿤 첩– 아–한– 아라이

B ผมชอบอาหารเกาหลี 나는 한국 음식을 좋아해요.
폼 첩– 아–한– 까올리–

A คุณชอบทำอะไร 당신은 뭘 즐겨 하세요?
쿤 첩– 탐 아라이

B ผมชอบดูหนัง 나는 영화를 즐겨 봐요.
폼 첩– 두– 낭

A เขาชอบดื่มอะไร 그는 뭘 즐겨 마셔요?
카오 첩– 듬– 아라이

B เขาชอบดื่มกาแฟ 그는 커피를 즐겨 마셔요.
카오 첩– 듬– 까–퐤–

A คุณชอบสีอะไร 당신은 무슨 색깔을 좋아하세요?
쿤 첩– 씨– 아라이

B ผมชอบสีเขียว 나는 초록색을 좋아해요.
폼 첩– 씨– 키야우

새 단어

ชอบ 첩– 좋아하다	หนัง 낭 영화
อาหาร 아–한– 음식	กาแฟ 까–퐤– 커피
ทำ 탐 하다	ดื่ม 듬– 마시다
ดู 두– 보다	สีเขียว 씨– 키야우 초록색

■ **ชอบ** [첩-] **+ 명사** : ~을 좋아해요

ไม่ชอบ [마이 첩-] **+ 명사** : ~을 좋아하지 않아요

ชอบอาหารเกาหลี 첩- 아-한- 까올리- 한국 음식을 좋아해요.

ชอบสีเขียว 첩- 씨- 키야우 초록색을 좋아해요.

ไม่ชอบอาหารเกาหลี 마이 첩- 아-한- 까올리- 한국 음식을 좋아하지 않아요.

ไม่ชอบสีเขียว 마이 첩- 씨- 키야우 초록색을 좋아하지 않아요.

■ **ชอบ** [첩-] **+ 동사** : ~하는 것을 좋아해요

ไม่ชอบ [마이 첩-] **+ 동사** : ~하는 것을 좋아하지 않아요

เขาชอบดื่มเบียร์ไทย 카오 첩- 듬- 비야 타이 그는 태국 맥주 마시는 걸 좋아해요.

ฉันชอบดูหนัง 찬 첩- 두- 낭 나는 영화 보는 걸 좋아해요.

ชอบดื่มกาแฟ 첩- 듬- 까-풰- 커피 마시는 걸 좋아해요.

ไม่ชอบดื่มเบียร์ 마이 첩- 듬- 비야 맥주 마시는 걸 좋아하지 않아요.

ไม่ชอบดูหนัง 마이 첩- 두- 낭 영화 보는 걸 좋아하지 않아요.

■ **ดื่ม** [듬-]

'마시다' 의 의미입니다. 태국 사람들은 격식을 차리지 않고 말을 편하게 할 때는 '먹다' 와 '마시다' 모두 **กิน** [낀] '먹다' 로 사용하는 경향이 있습니다.

ดื่มกาแฟ 듬- 까-풰- = กินกาแฟ 낀 까-풰-

| 응용 회화 |

A คุณชอบทานอาหารไทยไหม 당신은 태국 음식을 좋아해요?
쿤 첩– 탄– 아–한– 타이 마이

B ชอบมาก 아주 좋아해요.
첩– 막–

A คุณชอบอาหารฝรั่งไหม 당신은 서양 음식을 좋아해요?
쿤 첩– 아–한– 퐈랑 마이

B ไม่ชอบ ฉันชอบอาหารจีน
마이 첩– 찬 첩– 아–한– 찐–

좋아하지 않아요. 저는 중국 음식을 좋아해요.

A คุณจะดื่มชาหรือกาแฟ 차를 마시겠어요, 커피를 마시겠어요?
쿤 짜 듬– 차– 르– 까–풰–

B จะดื่มชา 차를 마실게요.
짜 듬– 차–

A คุณชอบอาหารเกาหลีหรืออาหารญี่ปุ่น
쿤 첩– 아–한– 까올리– 르– 아–한– 이–뿐

한국 음식을 좋아하세요, 일본 음식을 좋아하세요?

B ฉันชอบอาหารญี่ปุ่น 나는 일본 음식을 좋아해요.
찬 첩– 아–한– 이–뿐

A คุณชอบรถสีดำหรือสีเทา 검은색 차를 좋아해요, 회색 차를 좋아해요?
쿤 첩– 롯 씨–담 르– 씨– 타오

B ฉันชอบรถสีดำ 나는 검은색 차를 좋아해요.
찬 첩– 롯 씨–담

새 단어

ทาน 탄- 먹다	**จะ** 짜 ~할 것이다
อาหารไทย 아-한- 타이 태국 음식	**ชา** 차- 차(마시는 음료)
อาหารฝรั่ง 아-한- 퐈랑 서양 음식	**รถ** 롯 차(자동차)
อาหารจีน 아-한- 찐- 중국 음식	**สีดำ** 씨- 담 검은색
อาหารญี่ปุ่น 아-한- 이-뿐 일본 음식	**สีเทา** 씨- 타오 회색

■ **ทาน** [탄-] : '먹다' 의 의미로 **กิน** [낀] 의 존칭어입니다.

■ **มาก** [막-] : '아주', '많이' 라는 뜻으로 동사 뒤에 옵니다.

ชอบมาก   첩- 막- 아주 좋아해요.

กินมาก   낀 막- 많이 먹어요.

■ **หรือ** [르-] : 선택을 나타내는 의문조사입니다.

จะดื่มชาหรือกาแฟ   짜 듬- 차- 르- 까-풰- 차를 마시겠어요, 커피를 마시겠어요?

ชอบรถสีดำหรือสีเทา   첩- 롯 씨-담 르- 씨- 타오

검은색 차를 좋아해요, 회색 차를 좋아해요?

■ **รถ** [롯] : '차' 의 뜻으로, **รถเก๋ง** [롯 껭-]은 '승용차' 입니다.

■ **สี** [씨-] : 명사를 수식하는 경우에는 생략될 수도 있습니다.

รถสีดำ = รถดำ (검은 차)

รถสีขาว = รถขาว (흰 차)

💬 빈칸에 알맞은 단어를 골라 문장을 완성하세요.

> ทาน ดู ทำ ดื่ม

1. ผมชอบ __________ หนัง 나는 영화 보는 걸 좋아해요.

2. จะ __________ ชาหรือกาแฟ 차를 마시겠어요, 커피를 마시겠어요?

3. คุณชอบ __________ อาหารไทยไหม
   당신은 태국 음식을 즐겨 드세요?

4. คุณชอบ __________ อะไร 당신은 뭘 즐겨 하세요?

💬 다음 단어들을 태국어로 써 보세요.

5. 빨간색   ____________________________
6. 음식   ____________________________
7. 좋아하다   ____________________________

💬 다음 문장을 해석하세요.

8. คุณชอบอาหารไทยหรืออาหารจีน   ____________________
9. คุณชอบสีอะไร   ____________________________
10. ฉันชอบรถสีขาว   ____________________________

สี 씨- 색상

สีขาว ซี-คา-อุ
흰색
สีดำ ซี-ดัม
검은색
สีเหลือง ซี-르엉
노란색
สีชมพู ซี-촘푸-
분홍색
สีส้ม ซี-쏨
주황색
สีแดง ซี-댕-
빨간색
สีฟ้า ซี-퐈-
하늘색
สีน้ำเงิน ซี-남-응언
파란색
สีเขียว ซี-키야우
초록색
สีม่วง ซี-무엉
보라색
สีน้ำตาล ซี-남-딴-
갈색
สีทอง ซี-텅-
금색
สีเงิน ซี-응언
은색
สีเทา ซี-타오
회색

ไปสนามบิน
공항에 가요.

| 기본 회화 |

A ไปสนามบิน ~~คุณจะไปไหน~~ คุณจะไปไหน 당신은 어디 가십니까?
쿤 짜 빠이 나이

B จะไปร้านอาหารไทย 태국 음식점에 가요.
짜 빠이 란- 아-한- 타이

C จะไปสนามบิน 공항에 가요.
짜 빠이 싸남- 빈

A คุณทำงานที่ไหน 어디에서 일하세요?
쿤 탐 응안- 티- 나이

B ฉันทำงานที่กรุงเทพฯ 나는 방콕에서 일해요.
찬 탐 응안- 티- 끄룽텝-

A คุณจะกินข้าวเที่ยงที่ไหน 당신은 어디서 점심 식사 할 거예요?
쿤 짜 낀 카-우 티양 티- 나이

B ที่ร้านอาหารจีน 중국 음식점에서요.
티- 란- 아-한- 찐-

📑 새 단어

ร้าน	란- 가게		ทำงาน	탐 응안- 일하다
ร้านอาหาร	란- 아-한- 음식점, 식당		ข้าวเที่ยง	카-우 티양 점심밥
สนามบิน	싸남-빈 공항		ที่ไหน	티-나이 어디에

■ **จะไปไหน** [짜 빠이 나이]

'어디 가세요?' 라는 뜻으로, 인사말이나 행선지를 묻는 데 사용하기도 합니다.

■ **ร้านอาหารไทย** [란- 아-한- 타이] : '태국 음식점' 이라는 의미로 **ร้าน** [란-]을 접두사로 사용한 복합 명사입니다.

ร้านอาหาร   란- 아-한-   음식점

ร้านหนังสือ   란- 낭쓰-   서점

ร้านขายยา   란- 카-이 야-   약국

ร้านกาแฟ   란- 까-풰-   커피점

ร้านขนม   란- 카놈   제과점

ร้านเหล้า   란- 라오   주점

■ **ทำงาน** [탐 응안-] : '일하다' 의 뜻으로 동사와 명사로 이루어진 복합동사입니다.

ทำ 탐 '하다' + งาน 응안- '일' → 일하다

ทำ 탐 '하다' + นา 나- '논' → 벼농사 하다, 농사 짓다

ตก 똑 '떨어지다' + ใจ 짜이 '마음' → 놀라다

ตก 똑 '떨어지다' + งาน 응안- '일' → 실직하다

หา 하- '구하다' + งาน 응안- '일' → 구직하다

หา 하- '구하다' + เงิน 응언- '돈' → 돈을 벌다

응용 회화

A จะไปไหนครับ 어디 가세요?
짜 빠이 나이 크랍

B ไปโรงแรมสุขุมวิทคราวน์ 쑤쿰윗 크라운 호텔에 갑니다.
빠이 롱-램- 쑤쿰윗 크라-우

A อยู่ซอยอะไรครับ 몇 가에 있나요?
유- 써-이 아라이 크랍

B สุขุมวิท ซอยแปด 쑤쿰윗 8가입니다.
쑤쿰윗 써-이 뺏-

จอดตรงนี้ เท่าไหร่คะ 여기 세워 주세요. 얼마입니까?
쩟- 뜨롱 니-   타오 라이 카

A หกสิบบาทครับ 60바트입니다.
혹 씹 밧- 크랍

B ฉันมีแต่แบงค์ร้อย   มีทอนไหม
찬 미- 때- 뱅- 러-이   미- 턴- 마이

나는 100바트짜리 지폐만 있어요. 거스름돈 있습니까?

A ไม่มี   ไปแลกที่ร้านอาหารนะครับ
마이 미-   빠이 랙- 티- 란- 아-한- 나 크랍

없습니다. 식당에 가서 바꾸겠습니다.

B ไม่เป็นไร ไม่ต้องทอนก็ได้ 괜찮아요. 거슬러 주지 않아도 돼요.
마이 뺀 라이   마이 떵- 턴- 꺼- 다이

A ขอบคุณครับ 고맙습니다.
컵- 쿤 크랍

새 단어

ซอย 써-이 (골목)길, 작은 거리	**ร้อย** 러-이 100
แปด 뺏- 8	**ทอน** 턴- 거슬러 주다
จอด 쩟- 주차하다	**แลก** 랙- 바꾸다, 교환하다
ตรงนี้ 뜨롱 니- 여기	**นะ** 나 어조사
มีแต่ 미- 때- ~만 있다	**ต้อง** 떵- ~해야 한다(조동사)
แบงค์ 뱅- 지폐	**ก็ได้** 꺼- 다이 ~도 된다

■ **ตรงนี้** [뜨롱 니-] : '여기' 라는 의미로, **ที่นี่** [티-니-] 보다 좀 더 구체적이고 상세한 곳을 나타냅니다.

■ **มีแต่** [미- 때-] : '~만 있다' 의 의미로, 여기서 **แต่** [때-] 는 '오로지' 또는 '단지' 의 뜻을 지닌 전치사입니다. 접속사로 사용될 때는 '그러나' 의 의미입니다.

ผมมีแต่แบงค์ร้อย　폼 미- 때- 뱅- 러-이　나는 100바트짜리 지폐만 있습니다.

เขาอยู่แต่ในบ้าน　카오 유- 때- 나이 반-　그는 집 안에만 있습니다.

เขาเรียนเก่งแต่ไม่สุภาพ　리안 껭 때- 마이 쑤팝-

그는 공부는 잘 하지만 예의 바르지 않습니다.

■ **ใบ** [바이] : 종이나 서류 혹은 나뭇잎, 접시 등의 형태에 대한 수량사입니다.

กระดาษสามใบ　끄라닷- 쌈- 바이　종이 세 장

จานใหญ่สองใบ　짠- 야이 썽- 바이　큰 접시 두 개

■ **ไม่ต้อง** [마이 떵–]

'∼하지 않아도 된다' 의 뜻으로, **ต้อง** [떵–] '∼해야 한다' 를 부정한 표현입니다.

ต้องทอน 떵– 턴– 거슬러 주어야 한다.

ไม่ต้องทอน 마이 떵– 턴– 거슬러 주지 않아도 돼요.

ต้องไป 떵– 빠이 가야 한다.

ไม่ต้องไป 마이 떵– 빠이 가지 않아도 돼요.

■ **นะ** [나]

어조사로 문장의 끝에 오며, 특별한 뜻은 없습니다. 상대방의 제안이나 동의, 명령, 강조 등을 나타내는 여러 가지 의사 표시로 사용됩니다.

ไปด้วยกันนะ 빠이 두어이 깐 나 함께 가자. / 함께 갈까요?

อากาศดีนะ 아–깟– 디– 나 날씨가 좋군요.

สวยนะ 쑤어이 나 예쁘지?

พูดภาษาไทยเก่งนะคะ 풋– 파–싸– 타이 껭 나 카 태국어를 잘 하네요.

มานี่นะ 마– 니– 나 여기 와.

อย่านะ 야– 나 그러지 마.

อะไรนะ 아라이 나 뭐라구요? / 뭐라고 했어요?

■ **ก็ได้** [꺼– 다이] : '∼도 된다', '∼할 수 있다' 의 뜻입니다.

ดื่มก็ได้ 듬– 꺼– 다이 마셔도 된다

ไปก็ได้ 빠이 꺼– 다이 가도 된다

ไม่กินก็ได้ 마이 낀 꺼– 다이 안 먹어도 된다

ไม่ทำก็ได้ 마이 탐 꺼– 다이 안 해도 된다

빈칸에 알맞은 단어를 골라 문장을 완성하세요.

> แต่   ต้อง   ทำงาน   ซอย

1. อยู่ _________ อะไรครับ 몇 가에 있나요?

2. ฉัน ________ ที่กรุงเทพฯ 나는 방콕에서 일해요.

3. ผมมี ________ แบงค์ร้อย 나는 100바트짜리 지폐만 있습니다.

4. ไม่ ________ ทอนก็ได้ 거슬러 주지 않아도 돼요.

다음 단어들을 태국어로 써 보세요.

5. 바꾸다 _____________________________

6. 서점 _____________________________

7. 공항 _____________________________

다음 문장을 해석하세요.

8. จะไปไหน ______________________________________

9. จอดตรงนี้ ______________________________________

10. คุณจะกินข้าวเที่ยงที่ไหน __________________________

정답

1. ซอย	2. ทำงาน	3. แต่	4. ต้อง

5. แลก	6. ร้านหนังสือ	7. สนามบิน	8. 어디 가세요?

9. 여기 세워 주세요.	10. 당신은 어디서 점심 식사할 거예요?

เนื้อวัว 느어 우어 **소고기**

เนื้อหมู 느어 무- **돼지고기**

เนื้อไก่ 느어 까이 **닭고기**

ข้าวต้ม 카-우 똠 **죽**

ข้าว 카-우 **밥**

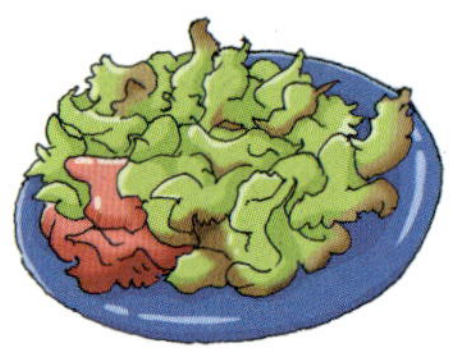

สลัด 쌀랏 **샐러드**

อาหารทะเล 아-한- 탈레- **해산물**

ไข่ไก่ คาอ ไก่ **계란**

เนื้อสัตว์ เนื่อ ซัท **육류**

ก๋วยเตี๋ยว ꞉꞉꞉꞉꞉ꞏ꞉꞉ กวยเตี๋ยว꞉ꞏ꞉꞉꞉꞉ꞏ꞉꞉꞉꞉ꞏ **국수**

เกลือ กลือ **소금**

น้ำตาล นัม ตาน **설탕**

น้ำส้มสายชู นัม ซม ซา-อิ ชู **식초**

พริกไทย พริก ไท **후추**

ตอนนี้กี่โมง(แล้ว)
지금 몇 시입니까?

기본 회화

A คุณตื่นนอนกี่โมง   당신은 몇 시에 일어나세요?
쿤 뜬- 넌- 끼- 몽-

B ประมาณหกโมง   6시 정도에 일어나요.
쁘라만- 혹 몽-

A ก่อนไปทำงาน คุณทำอะไร   출근하기 전에 무엇을 하세요?
껀- 빠이 탐 응안-   쿤 탐 아라이

B ทำอาหารเช้า   아침 식사를 만들어요.
탐 아- 한- 차-오

A คุณนอนกี่ทุ่ม   당신은 몇 시에 자요?
쿤 넌- 끼- 툼

B หลังเที่ยงคืนนิดหน่อย   자정이 조금 지나서요.
랑 티양 큰- 닛 너이

새 단어

ตื่นนอน 뜬- 넌- 일어나다, 잠에서 깨다	ทำงาน 탐 응안- 일하다
กี่ 끼- 몇	อาหารเช้า 아-한- 차-오 아침 식사
โมง 몽- 시(시간)	ทุ่ม 툼 시(밤 7시부터 11시까지 시간을 말할 때 쓰임)
ประมาณ 쁘라만- 대략, 정도	หลัง 랑 ~뒤, ~후
หก 혹 6	เที่ยงคืน 티양 큰- 자정
ก่อน 껀- 전에, 이전에	นิดหน่อย 닛 너이 약간, 조금

■ ตอนนี้กี่โมง(แล้ว) [떤-니- 끼- 몽- (래-우)]

'지금 몇 시입니까?' 라는 뜻으로 แล้ว를 생략하기도 합니다.

เวลาเท่าไร 웰-라- 타오 라이 몇 시입니까?

กี่โมง(แล้ว) 끼- 몽- (래-우) 몇 시입니까?

กี่ทุ่ม 끼- 툼 몇 시입니까? (밤 시간을 물을 때만 사용)

■ โมง [몽-]

시간의 단위인 '시'는 숫자 뒤에 โมง을 사용합니다. 9시는 เก้าโมง [까-오 몽-]으로 읽습니다.

★ 태국에서 시간을 말할 때는 여러 가지 방법이 있습니다. 24시간을 6시간씩 4개의 블록으로 나누어 표현합니다.

a.m. 1시 ตีหนึ่ง 띠- 능

2시 ตีสอง 띠- 썽-

3시 ตีสาม 띠- 쌈-

4시 ตีสี่ 띠- 씨-

5시 ตีห้า 띠- 하-

6시 หกโมงเช้า 혹 몽- 차-오

7시 เจ็ดโมง(เช้า) 쩻 몽- (차-오) 또는 (หนึ่ง)โมงเช้า (능) 몽- 차-오

8시 แปดโมง(เช้า) 뺏- 몽- (차-오) 또는 สองโมง(เช้า) 썽- 몽- (차-오)

9시 เก้าโมง(เช้า) 까-오 몽- (차-오) 또는 สามโมง(เช้า) 쌈- 몽- (차-오)

10시 สิบโมง(เช้า) 씹 몽- (차-오) 또는 สี่โมง(เช้า) 씨- 몽- (차-오)

11시 สิบเอ็ดโมง(เช้า) 씹 엣 몽- (차-오) 또는 ห้าโมง(เช้า) 하- 몽- (차-오)

p.m. 12시　**เที่ยง** 티양 / **เที่ยงวัน** 티양 완 / **ตอนเที่ยง** 떤- 티양

1시　**บ่ายโมง** 바-이 몽- 또는 **บ่ายหนึ่ง(โมง)** 바-이 능 (몽-)

2시　**(บ่าย)สองโมง** (바-이) 썽- 몽-

3시　**(บ่าย)สามโมง** (바-이) 쌈- 몽-

4시　**(บ่าย)สี่โมง** (바-이) 씨- 몽- 또는 **สี่โมงเย็น** 씨- 몽- 옌

5시　**(บ่าย)ห้าโมง** (바-이) 하- 몽- 또는 **ห้าโมงเย็น** 하- 몽- 옌

6시　**หกโมง(เย็น)** 혹 몽- (옌)

7시　**(หนึ่ง)ทุ่ม** (능) 툼

8시　**สองทุ่ม** 썽- 툼

9시　**สามทุ่ม** 쌈- 툼

10시　**สี่ทุ่ม** 씨- 툼

11시　**ห้าทุ่ม** 하- 툼

a.m. 12시　**หกทุ่ม** 혹 툼 또는 **เที่ยงคืน** 티양 큰-

★ **นาฬิกา** [날-리까-]

라디오, 기차역, 공항 등에서 공식적으로 시간을 알릴 때는 24시간으로 표현합니다.

11시　**สิบเอ็ดนาฬิกา** 씹엣 날-리까-

11시 40분　**สิบเอ็ดนาฬิกา สี่สิบนาที** 씹엣 날-리까- 씨-씹 나-티-

20시　**ยี่สิบนาฬิกา** 이-씹 날-리까-

22시　**ยี่สิบสองนาฬิกา** 이-씹 썽- 날-리까-

응용 회화

A คุณทานข้าวเย็นกี่โมง 너는 몇 시에 저녁 식사를 하니?
쿤 탄- 카^우 옌- 까-몽-

B ทานข้าวเย็นตอนหกโมงครึ่ง 6시 반에 저녁 식사를 해요.
탄- 카^우 옌- 떤- 혹 몽- 크^릉

A คุณไปทำงานกี่โมง 너는 몇 시에 출근하니?
쿤 빠-이 탐 응안- 까- 몽-

B ไปทำงานตอนแปดโมง 8시에 출근해요.
빠-이 탐 응안- 떤- 빼ㅅ- 몽-

A คุณจะดูทีวีกี่โมง 너는 몇 시에 TV를 볼 거니?
쿤 짜 두- 티-위- 까- 몽-

B จะดูทีวีตอนดึก 밤늦게 TV를 볼 거야.
짜 두- 티-위- 떤- 득

A คุณเรียนภาษาไทยกี่ชั่วโมง 너는 태국어를 몇 시간 공부하니?
쿤 리안 파-싸-타이 까- 추^어 몽-

B ผมเรียนภาษาไทยสองชั่วโมง 나는 태국어를 2시간 공부해요.
폼 리안 파-싸-타이 썽- 추^어 몽-

A คุณทำงานกี่ชั่วโมง 너는 몇 시간 일하니?
쿤 탐 응안- 까- 추^어 몽-

B ผมทำงานเจ็ดชั่วโมง 나는 7시간 일해요.
폼 탐 응안- 쩻 추^어 몽-

📑 새 단어

ทาน 탄- 먹다	ทีวี 티-위- 텔레비전
ข้าวเย็น 카-우 옌 저녁밥	ตอน 떤- 때(시간의)
ครึ่ง 크릉 반, 절반	ดึก 득 심야
ดู 두- 보다	ชั่วโมง 추어 몽- 시간

■ **ชั่วโมง** [추어 몽-] : '시간' 이라는 뜻으로, 시간의 경과나 진행을 나타냅니다.

นาที [나-티-] '분' 을, วินาที [위나-티-] '초' 를 나타냅니다.

สองชั่วโมง   썽- 추어 몽-   2시간

ตีสองสิบนาที   띠- 썽- 씹 나-티-   새벽 2시 10분

สี่ทุ่มยี่สิบห้า   씨- 툼 이-씹 하-   밤 10시 25분

เก้าโมงครึ่ง   까-오 몽- 크릉   9시 반

บ่ายสามโมง   바-이 쌈- 몽-   오후 3시

ตอนนี้สองโมงกว่า   떤-니- 썽- 몽- 꽈-   지금은 8시가 넘었어요.

ตอนนี้เที่ยงตรง   떤-니- 티양 뜨롱   지금은 정각 12시입니다.

อีกห้านาทีสี่โมง   익- 하- 나-티- 씨- 몽-   4시 5분 전입니다.

เกือบหกโมง   끄업 혹 몽-   거의 6시입니다.

ประมาณเจ็ดโมง   쁘라만- 쩻 몽-   대략 7시입니다.

💬 우리말로 적어 보세요.

1. ตีสี่ครึ่ง ___________________________________

2. เที่ยงสามสิบห้า ___________________________________

3. สี่ทุ่มยี่สิบนาที ___________________________________

4. บ่ายสองโมงตรง ___________________________________

💬 다음 단어들을 태국어로 써 보세요.

5. 7시 10분 ___________________________________

6. 밤 11시 ___________________________________

7. 지금 몇 시인가요? ___________________________________

💬 다음 문장을 해석하세요.

8. เราเรียนภาษาไทยสองชั่วโมง ___________________________

9. เขากินข้าวเย็นสองทุ่ม ___________________________

10. ตอนนี้ เวลาบ่ายสามโมง ___________________________

정답
1. 새벽 4시 반   2. 12시 35분   3. 밤 10시 20분   4. 정각 오후 2시
5. เจ็ดโมงสิบนาที   6. ห้าทุ่ม   7. ตอนนี้กี่โมงแล้ว   8. 우리는 태국어를 2시간 공부한다.
9. 그는 8시에 저녁 식사를 한다.   10. 지금 오후 3시입니다.

ห้องน้ำ 형 남- 욕실

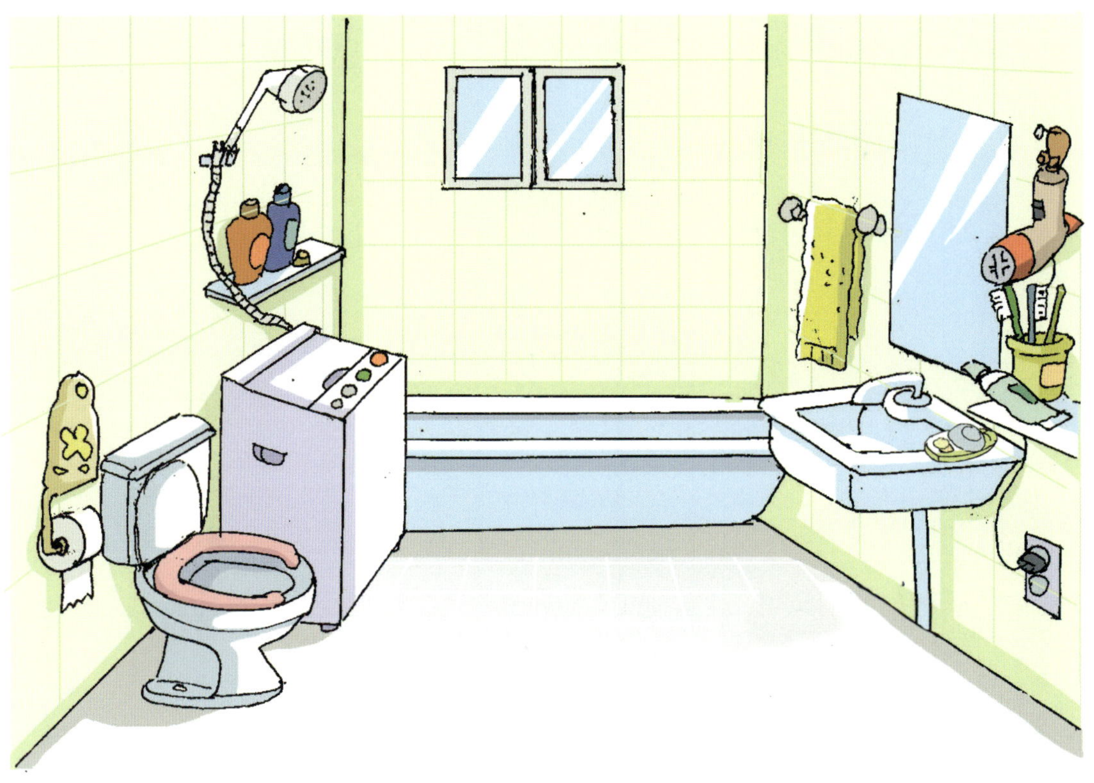

กระจกเงา 끄라쪽 응아오 **거울**	**กระดาษชำระ** 끄라닷- 참 라 **화장지**
ยาสระผม 야- 싸 폼 **샴푸**	**ผ้าเช็ดตัว** 파- 쳇 뚜어 **수건**
ครีมนวดผม 크림- 누엇 폼 **린스**	**หวี** 위- **빗**
สบู่ 싸부- **비누**	**ฝักบัว** 퐉 부어 **샤워기**
ยาสีฟัน 야- 씨- 퐌 **치약**	**อ่างอาบน้ำ** 앙- 압- 남- **욕조**
แปรงสีฟัน 쁘랭- 씨- 퐌 **칫솔**	**โถส้วม** 토- 쑤엄 **변기**
ไดร์เป่าผม 다이 빠오 폼 **헤어 드라이어**	

วันนี้วันอะไร
오늘은 무슨 요일인가요?

기본 회화

A วันนี้วันอะไร 오늘은 무슨 요일인가요?
완니- 완아라-이

B วันนี้วันจันทร์ 오늘은 월요일입니다.
완니- 완짠

A วันนี้วันที่เท่าไร 오늘은 며칠입니까?
완니- 완티- 타오 라-이

B วันนี้วันที่สอง เดือนมีนาคม ปี 2017
완니- 완티- 썽- 드언 미-나-콤 삐 썽쏜능쩻

오늘은 2017년 3월 2일입니다.

C วันนี้วันอาทิตย์ ที่สิบสาม เดือนเมษายน
완니- 완아-팃 티- 씹쌈- 드언 메-싸-욘

오늘은 4월 13일 일요일입니다.

A คุณอยู่เมืองไทยกี่ปี 너는 태국에 몇 년 있었니?
쿤 유- 므엉 타이 끼- 삐-

B ฉันอยู่เมืองไทยสามปี 나는 태국에 3년 있었어요.
찬 유- 므엉 타이 쌈- 삐-

새 단어

วันนี้ 완 니- 오늘	มีนาคม 미-나-콤- 3월
เดือน 드언 월, 달	เมษายน 메-싸-욘 4월

해설

■ **วันนี้วันที่สอง เดือนมีนาคม ปี 2017**

[완니- 완티-썽- 드언 미-나-콤 삐- 썽- 쑨- 능 쩻]

날짜는 〈ที่ [티] + 기수〉로 표현합니다. 날짜를 언급하는 경우에는 '일, 월, 년' 순서로 합니다.

■ **วันนี้วันอาทิตย์ ที่สิบสาม เดือนเมษายน**

[완 니- 완 아-팃 티-씹쌈- 드언 메-싸-욘]

날짜를 묻는 질문에 요일을 포함하여 대답할 수 있으며, 날짜를 나타내는 요일 명사 **วัน** [완]은 생략됩니다.

■ **태국어로 연도를 읽을 때는 숫자를 하나씩 읽습니다.**

ปีหนึ่งเก้าเก้าเจ็ด　삐 능 까-오 까-오 쩻　1997년

ปีสองศูนย์หนึ่งเจ็ด　삐 썽 쑨 능 쩻　2017년

ปีนี้ปีสองศูนย์หนึ่งเจ็ด　삐니 삐 썽 쑨 능 쩻　올해는 2017년입니다.

■ **연월 표현**

เดือนที่แล้ว 드언 티-래-우 지난 달		ปีที่แล้ว 삐- 티- 래-우 작년		
เดือนนี้ 드언 니- 이 달		ปีนี้ 삐- 니- 올해		
เดือนหน้า 드언 나- 다음 달		ปีหน้า 삐- 나- 내년		
สามเดือนก่อน 쌈- 드언 껀- 석 달 전		สามปีก่อน 쌈- 삐- 껀- 3년 전		
สี่เดือนที่แล้ว 씨-드언 티-래-우 넉 달 전		สี่ปีที่แล้ว 씨-삐- 티- 래-우 4년 전		
อีกสองเดือน 익- 썽-드언 두 달 후		อีกสองปี 익- 썽- 삐- 2년 후		
ทุกเดือน 툭 드언 매달		ทุกปี 툭 삐- 매년		

■ **월** : **คม** [콤]으로 끝나는 달은 31일까지 있으며, **ยน** [욘]으로 끝나는 달은 30일까지 있습니다.

2월은 **พันธ์** [판]으로 끝납니다.

มกราคม 마까라-콤 1월	กุมภาพันธ์ 꿈파-판 2월
มีนาคม 미-나-콤 3월	เมษายน 메-싸-욘 4월
พฤษภาคม 프릇싸파-콤 5월	มิถุนายน 미투나-욘 6월
กรกฎาคม 까라까다-콤 7월	สิงหาคม 씽하-콤 8월
กันยายน 깐야-욘 9월	ตุลาคม 뚤라-콤 10월
พฤศจิกายน 프릇싸찌까-욘 11월	ธันวาคม 탄와-콤 12월

■ **요일**

월요일	วันจันทร์ 완짠
화요일	วันอังคาร 완앙칸-
수요일	วันพุธ 완풋
목요일	วันพฤหัส(บดี) 완파르핫싸(버-디-)
금요일	วันศุกร์ 완쑥
토요일	วันเสาร์ 완싸오
일요일	วันอาทิตย์ 완아-팃

응용 회화

A คุณจะไปเมืองไทยเดือนอะไร 너는 몇 월에 태국 갈 거니?
쿤 짜 빠이 므엉 타이 드언 아라이

B ฉันจะไปเมืองไทยเดือนธันวาคม 12월에 태국 갈 거예요.
찬 짜 빠이 므엉 타이 드언 탄와-콤

A เมื่อคืนนี้คุณทำอะไร 어젯밤에 무엇을 했니?
므어 큰- 니- 쿤 탐 아라이

B ไปดูหนังกับเพื่อน 친구와 영화 보러 갔어요.
빠이 두- 낭 깝 프언

A อาทิตย์หน้าจะทำอะไร 다음 주에 무엇을 할 거니?
아-팃 나 짜 탐 아라이

B อาทิตย์หน้าจะไปเมืองไทย 다음 주에 태국 갈 거야.
아-팃 나 짜 빠이 므엉 타이

A วันเสาร์นี้คุณจะทำอะไร 이번 토요일에 무엇을 할 거니?
완싸오 니- 쿤 짜 탐 아라이

B วันเสาร์นี้จะไปกินอาหารไทย
완싸오 니 짜 빠이 낀 아-한- 타이

이번 토요일에 태국 음식을 먹으러 갈 거예요.

📖 새 단어

เมื่อคืนนี้ 므어 큰- 니- 어젯밤	อาทิตย์หน้า 아-팃 나 다음 주
อาทิตย์ 아-팃 주	วันเสาร์นี้ 완싸오 니- 이번 토요일

■ อาทิตย์ [아-팃]

'주'를 뜻하며, 동의어로 **สัปดาห์** [쌉다-]가 있습니다. 일상 회화에서는 **สัปดาห์** 보다 **อาทิตย์** [아-팃] 을 더 많이 사용합니다. '일요일' 이라는 뜻을 가진 **วันอาทิตย์** [완 아-팃] 과 혼동하지 말아야 합니다.

■ 시간 부사

เช้า 차-오 아침	**เย็น** 옌 저녁
(เมื่อ)เช้านี้ (므어) 차-오 니- 오늘 아침	**เย็นนี้** 옌 니- 오늘 저녁
พรุ่งนี้เช้า 프룽니- 차-오 내일 아침	**พรุ่งนี้เย็น** 프룽니- 옌 내일 저녁
ทุกเช้า 툭 차-오 매일 아침	**ทุกเย็น** 툭 옌 매일 저녁

เมื่อวานนี้ 므어 완- 니- 어제	**อาทิตย์ที่แล้ว** 아-팃 티- 래-우 지난 주
วันนี้ 완니- 오늘	**อาทิตย์นี้** 아-팃 니- 이번 주
พรุ่งนี้ 프룽니- 내일	**อาทิตย์หน้า** 아-팃 나- 다음 주
สามวันก่อน 쌈-완 껀- 3일 전	**สามอาทิตย์ก่อน** 쌈- 아-팃 껀- 3주 전
อีกสองวัน 익- 썽- 완 이틀 후	**อีกสองอาทิตย์** 익- 썽- 아-팃 2주 후
ทุกวัน 툭 완 매일	**ทุกอาทิตย์** 툭 아-팃 매주

💬 알맞은 단어를 골라 문장을 완성하세요.

> (เมื่อ)เช้านี้   เดือน   ทุกอาทิตย์   ที่แล้ว

1. ฉันเรียนภาษาไทย _____________   나는 매주 태국어를 공부한다.

2. เขาอยู่เมืองไทยห้า _____________   그는 태국에 5개월 있었다.

3. สี่วัน _____________ ไปทำงานสาย   4일 전에 늦게 출근했다.

4. _____________ กินข้าวคนเดียว   오늘 아침에 혼자 식사했다.

💬 다음을 태국어로 써 보세요.

5. 토요일 ____

6. 8월 ____

7. 오늘은 며칠인가요? ____

💬 다음 문장을 해석하세요.

8. วันนี้วันอังคาร ____

9. วันนี้วันที่สิบสอง เดือนตุลาคม _________________________________

10. ปีหน้าจะเรียนภาษาไทยกับภาษาจีน

____

อ่างล้างจาน 앙-랑-짠- **싱크대**

ตู้เย็น 뚜-옌 **냉장고**

ตู้เก็บเครื่องครัว
뚜- 껩 크르엉 크루어 **찬장**

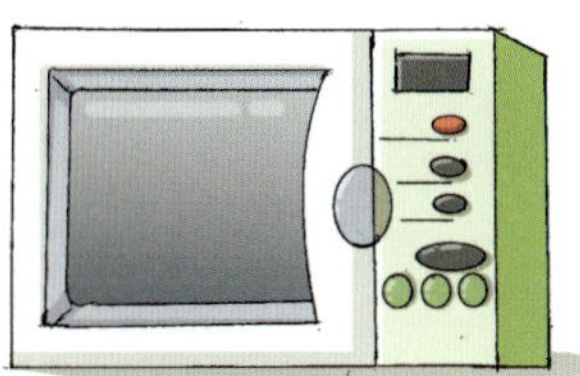

เตาอบ 따오 옵 **오븐**
ไมโครเวฟ 마이크로웹 **전자레인지**

เครื่องปิ้งขนมปัง
크르엉 삥 카놈빵 **토스터**

เครื่องปั่น 크르엉 빠 **믹서**

เขียง 키양 **도마**

มีดทำอาหาร 밋- 탐 아-한- **칼, 식도**

แก้วน้ำ 깨-우 남- **물컵**

กาต้มน้ำ 까-똠 남 **주전자**

ทัพพี 탑 피- **국자**

ช้อน 천- **숟가락**

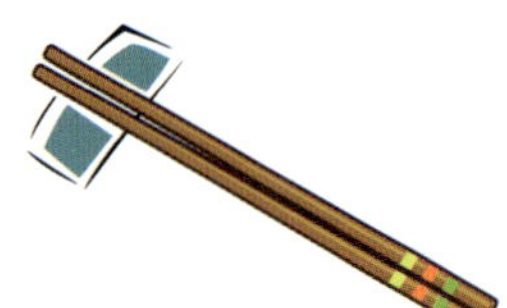
ตะเกียบ 따 끼얍 **젓가락**

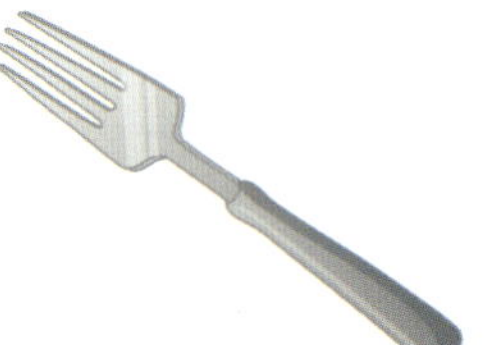
ส้อม 썸- **포크**
มีด 밋- **나이프**

จาน 짠- **접시**

กระทะ 끄라 타 **프라이팬**

ชาม 참- **그릇**
หม้อ 머- **냄비**

นี่ใครครับ
이 사람은 누구예요?

| 기본 회화 |

A **นี่ของใครครับ** 이것은 누구의 것입니까?
นี่– คอง– คราย คฺรับ

B **นี่ของฉันค่ะ** 이것은 제 것입니다.
นี่– คอง– ฉัน ค่ะ

A **นี่บ้านของใครครับ** 이것은 누구의 집인가요?
นี่– บ้าน– คอง– คราย คฺรับ

B **นี่บ้านของฉันค่ะ** 이것은 저의 집입니다.
นี่– บ้าน– คอง– ฉัน ค่ะ

A **นี่ใครครับ** 이 사람은 누구예요?
นี่– คราย คฺรับ

B **นี่น้องชายของฉันค่ะ** 이 사람은 제 남동생입니다.
นี่– น้อง– ชา–ย คอง– ฉัน ค่ะ

A **นั่นใครครับ** 저 사람은 누구예요?
นั่น คราย คฺรับ

B **นั่นคุณวินัยค่ะ** 저 사람은 위나이 씨입니다.
นั่น คุณ วินัย ค่ะ

国 새 단어

ของ 컹– ~의	บ้าน 반– 집
ใคร 크라이 누구	น้องชาย 넝– 차–이 남동생

■ **ใคร** [크라이]

'누구?'에 해당하는 의문사입니다. 태국어에서 의문문은 의문조사를 사용하거나 의문사를 사용하여 표현할 수 있습니다. 의문조사는 문장 끝에 사용합니다. 의문사는 주로 문장의 앞이나 뒤에 오지만, 명사를 수식하는 형용사적 용법으로 사용될 때는 명사 뒤에 옵니다.

의문조사를 사용한 의문문:

คุณเป็นคนเกาหลีหรือ   쿤 뻰 콘 까올리- 르-   당신은 한국사람입니까?

의문대명사를 사용한 의문문:

เขาเป็นใคร   카오 뻰 크라이   그는 누구예요?

ใครเป็นน้องของคุณ   크라이 뻰 넝- 컹- 쿤   누가 너의 동생이니?

นี่โทรศัพท์มือถือของใคร   니- 토-라쌉 므-트- 컹- 크라이

이것은 누구의 휴대폰입니까?

■ **นี่บ้านของใคร** [니- 반- 컹- 크라이]

ของ은 소유격 조사로, 명사와 같이 사용될 때는 생략할 수 있습니다.

นี่บ้าน(ของ)ใคร   니- 반- (컹-) 크라이   이것은 누구 집인가요?

นี่บ้าน(ของ)ฉัน   니- 반- (컹-) 찬   이것은 저의 집입니다.

■ **นี่น้องชายของฉัน** [니- 넝- 차-이 컹- 찬]

사람을 소개할 때 사용하는 표현입니다. 이름을 말하거나 관계를 말합니다. นี่는 상대방의 성이나 나이에 상관없이 사용합니다.

นี่คุณวินัย   니- 쿤 위나이   이 사람은 위나이 씨입니다.

นี่เพื่อนฉัน   니- 프언 찬   이 사람은 제 친구입니다.

응용 회화

A คุณแอน
쿤 앤–

ผมจะแนะนำเพื่อนผมให้รู้จัก   앤, 내 친구를 소개할게.
폼 짜 내남 프언 폼 하이 루–짝

นี่จรัญ   이 사람은 짜란이야.
니– 짜란

B สวัสดีค่ะ   안녕하세요?
싸왓디– 카

ดีใจที่ได้พบคุณจรัญ   짜란 씨를 만나게 되어 반가워요.
디– 짜이 티– 다이 폽 쿤 짜란

A นี่คุณแอน   이 사람은 앤이야.
니– 쿤 앤–

เพิ่งมาจากแคนาดา   방금 캐나다에서 왔어.
프엉– 마– 짝– 캐–나–다–

C ขอต้อนรับสู่กรุงเทพฯครับ   방콕에 온 걸 환영해요.
커– 떤–랍 쑤– 끄룽텝– 크랍

B ขอบคุณค่ะ   고맙습니다.
컵–쿤 카

C แอนนี่ชื่อจริงหรือชื่อเล่นครับ   앤 이름이 실명인가요, 별명인가요?
앤– 니– 츠–찡 르– 츠–렌 크랍

B ชื่อเล่นค่ะ   별명입니다.
츠–렌 카

ชื่อจริงชื่อวิไล   실명은 윌라이에요.
츠–찡 츠– 윌라–이

เรียกว่าแอนก็แล้วกัน   그냥 앤이라고 부르세요.
리약 와 앤– 꺼– 래–우 깐

새 단어

แนะนำ 내남 소개하다	ต้อนรับ 떤-랍 환영하다
รู้จัก 루-짝 알다	สู่ 쑤- ~로, ~에
ดีใจ 디-짜이 기쁘다	ชื่อจริง 츠-찡 실명
พบ 폽 만나다	ชื่อเล่น 츠-렌 별명
เพิ่ง 프엉- 방금	เรียก 리약 부르다

■ **จะแนะนำ** [짜 내남] ··· **ให้รู้จัก** [하이 루-짝]

다른 사람을 소개할 때 사용하는 표현입니다.

ฉันจะแนะนำคุณพ่อคุณแม่ให้คุณรู้จัก 우리 부모님을 소개할게요.

찬 짜 내남 쿤퍼-쿤매- 하이 쿤 루-짝

ฉันใคร่ขอแนะนำเพื่อนสักคนหนึ่ง 친구 한 명을 소개하고 싶어요.

찬 크라이 커 내남 프언 싹 콘 능

ฉันอยากจะแนะนำวันเพ็ญ เพื่อนใหม่ของฉัน

찬 약- 짜 내남 완펜 프언 마이 컹- 찬

저의 새 친구 완펜을 소개하고 싶어요.

■ **ดีใจที่ได้พบคุณ** [디- 짜이 티- 다이 폽 쿤]

다른 사람을 소개받았을 때, 만나게 되어 반갑다는 표현입니다.

ยินดีที่ได้รู้จักคุณ 인디- 티- 다이 루-짝 쿤 당신을 알게 되어 기쁩니다.

ยินดีเช่นเดียวกัน 인디- 첸- 디여우 깐 나도 반갑습니다.

- **เพิ่ง** [프엉-] : '방금', '막' 의 뜻으로 완료를 나타내는 조동사입니다. 가까운 과거에 일어났음을 강조합니다.

เพิ่งไป   프엉- 빠이   방금 갔습니다.

เธอเพิ่งมาจากอเมริกา   트어- 프엉- 마- 짝- 아메-리까-
그녀는 방금 미국에서 왔습니다.

เขาเพิ่งทานข้าวมา   카오 프엉- 탄- 카-우 마-   그는 막 식사하고 왔습니다.

- **ขอต้อนรับสู่กรุงเทพฯ** [커- 떤-랍 쑤- 끄룽텝-]

손님을 맞이하거나 환영할 때 사용하는 표현입니다.

ยินดีต้อนรับสู่เมืองไทย   인디- 떤-랍 쑤- 므엉 타이   태국에 온 걸 환영해요.
ยินดีต้อนรับสู่เกาหลี   인디- 떤-랍 쑤- 까올리-   한국에 온 걸 환영합니다.

- **สู่** [쑤-] : '~로', '~에' 의미를 가진 방향을 나타내는 전치사입니다.

เขาหันหน้าสู่ทิศตะวันตก   카오 한 나- 쑤- 팃 따 완 똑
그는 서쪽으로 얼굴을 돌렸다.
แม่น้ำเจ้าพระยาไหลสู่อ่าวไทย   매-남 짜오프라야- 라이 쑤- 아-우 타이
짜오프라야 강은 타이만을 향해 흐른다.

- **เรียก** [리약] : '부르다' 라는 뜻으로, 사람이나 택시 등을 부를 때 사용합니다. เรียกว่า [리약 와]는 '~라고 부르다' 라는 의미입니다.

เรียกว่าแอน   리약 와- 앤-   '앤'이라고 부릅니다.
เรียกแท็กซี่ได้ที่ไหน   리약 택씨- 다이 티-나이   어디서 택시를 부를 수 있나요?

알맞은 단어를 골라 문장을 완성하세요.

เพิ่ง   ดีใจ   เรียก   ของ   แนะนำ   ใคร   สู่

---

1. นี่บ้าน __________ ใคร   이것은 누구의 집인가요?

2. นั่น __________   저 사람은 누구예요?

3. ขอต้อนรับ __________ กรุงเทพฯ   방콕에 온 걸 환영해요.

4. __________ ที่ได้พบคุณจรัญ   짜란 씨를 만나게 되어 반가워요.

5. __________ มาจากแคนาดา   방금 캐나다에서 왔어.

6. ผมจะ __________ เพื่อนผมให้รู้จัก   내 친구를 소개할게요.

7. __________ ว่าแอนก็แล้วกัน   그냥 앤이라고 부르세요.

태국어로 써 보세요.

8. 실명 _______________________________________

9. 별명 _______________________________________

10. 환영하다 _______________________________________

แฮมเบอร์เกอร์ 햄- 브어- 끄어- **햄버거**

แซนด์วิช 쌘- 윗 **샌드위치**

ฮอทด็อก 헛- 덕 **핫도그**

ไส้กรอก 싸이 끄럭- **소시지**

พิซซ่า 핏 싸- **피자**

โดนัท 도- 낫 **도넛**

ขนมปัง 카놈 빵 **빵**

ธัญพืช 탄야풋– **시리얼**

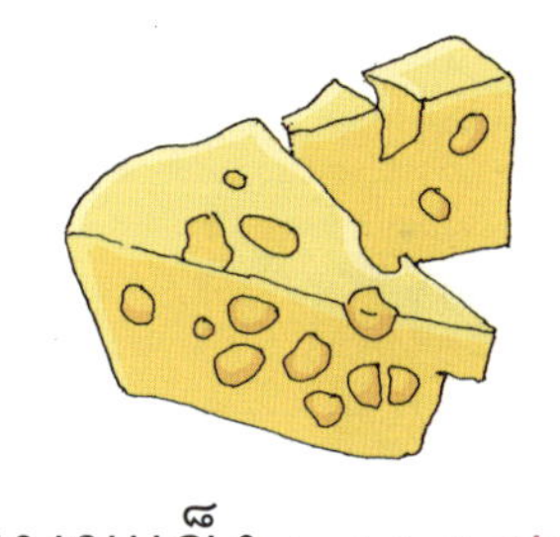

เนยแข็ง 느어이 캥 **치즈**

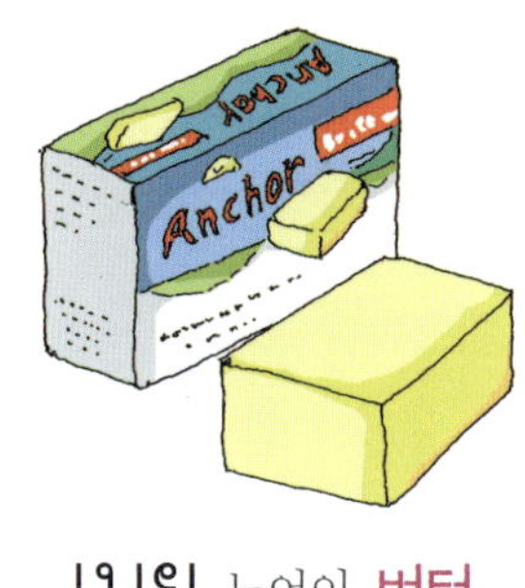

เนย 느어이 **버터**

ข้าวโพดคั่ว

카–우 폿– 쿠어 **팝콘**

ช็อกโกแลต

척 꼴– 랫 **초콜릿**

คุกกี้ 쿡 끼– **쿠키**

ครอบครัวคุณมีกี่คน
당신의 가족은 몇 명입니까?

기본 회화

A ครอบครัวคุณมีกี่คนครับ 당신의 가족은 몇 명입니까?
크럽- 크루어 쿤 미- 끼- 콘 크랍

B มีห้าคนค่ะ 5명입니다.
미- 하- 콘 카

คุณพ่อ คุณแม่ พี่ชาย พี่สาว กับดิฉัน
쿤퍼- 쿤매- 피- 차-이 피- 싸-우 깝 디찬

아버지, 어머니, 오빠, 언니 그리고 나.

A นั่นใครครับ 저 사람은 누구예요?
난 크라이 크랍

B นั่นพี่สาวของฉันค่ะ 저 사람은 저의 언니입니다.
난 피- 싸-우 컹- 찬 카

A บ้านคุณมีสัตว์เลี้ยงไหมครับ 당신은 집에서 애완동물을 기르나요?
반-쿤 미- 쌋 리양 마이 크랍

B มีค่ะ มีหมากับแมวค่ะ 네, 개와 고양이가 있어요.
미- 카 미- 마- 깝 매-우 카

새 단어

ครอบครัว 크럽- 크루어 **가족**	พี่สาว 피- 싸-우 **언니**
คุณพ่อ 쿤퍼- **아버지**	สัตว์เลี้ยง 쌋 리양 **애완동물**
คุณแม่ 쿤매- **어머니**	หมา 마- **개**
พี่ชาย 피- 차-이 **오빠**	แมว 매-우 **고양이**

■ **มี** [미-] : '있다' 는 뜻으로, 여기서는 '소유' 를 의미하는 동사입니다.

〈주어 + **มี** + 사람 / 사물〉

ฉันมีรถ   찬 미- 롯   나는 차가 있다.

เขามีพี่น้อง   카오 미- 피-넝-   그는 형제가 있다.

ฉันไม่มีเงิน   찬 마이 미- 응언-   나는 돈이 없다.

■ **อยู่** [유-] : '있다' 는 존재를 뜻하는 동사입니다.

〈주어 + **อยู่** + 장소〉

แม่อยู่ที่บ้าน   매- 유- 티- 반-   엄마는 집에 계신다.

น้องชายอยู่ที่โรงเรียน   넝-차-이 유- 티- 롱-리안   남동생은 학교에 있다.

หนังสืออยู่ที่นั่น   낭쓰- 유- 티-난   책은 저기에 있다.

หนังสือไม่อยู่ที่นี่   낭쓰- 마이 유- 티-니-   책은 여기에 있지 않다.

บ้านคุณอยู่ที่ไหน   반- 쿤 유- 티-나이   당신 집은 어디에 있습니까?

อยู่ที่หัวหิน   유- 티- 후어힌   후어힌에 있습니다.

■ **กี่คน** [끼- 콘] : '몇 명' 이라는 뜻으로, 사람 수를 물어볼 때 사용하는 표현입니다.

มีห้าคน   미- 하- 콘   5명이 있다.

■ **กับ** [깝] : '∼와', '∼과' 라는 뜻을 나타내며, 여기서는 단어를 연결하는 접속사로 사용한 경우입니다.

คุณพ่อ คุณแม่ พี่ชาย พี่สาว กับดิฉัน

쿤퍼– 쿤매– 피–차–이 피–싸–우 깝 디찬

아버지, 어머니, 오빠, 언니 그리고 나

หมากับแมว　마– 깝 매–우　개와 고양이

ฉันกับเขา　찬 깝 카오　나와 그

ปู่กับย่า　뿌– 깝 야–　할아버지와 할머니

★ 혼동하기 쉬운 표현

มี와 อยู่는 사람의 존재나 소재와 관련된 상황에서 혼동하여 사용할 수 있으므로 주의해야 합니다.

คุณคิมอยู่ไหม　쿤킴 유– 마이　김씨 있어요?

คุณคิมอยู่ที่นี่　쿤킴 유– 티–니–　김씨는 여기 있어요.

คุณคิมไม่อยู่ที่นี่　쿤킴 마이 유– 티–니–　김씨는 여기 없어요.
〈지금 부재중이라는 의미〉

ที่นี่ไม่มีคุณคิม(อยู่)　티–니– 마이 미– 쿤킴 (유–)　여기에 김씨는 없어요.
〈여기에 그런 사람 없다는 의미〉

응용 회화

A คุณแต่งงานหรือยังครับ　당신은 결혼했나요?
쿤 땽 응안- 르- 양 크랍

B แต่งแล้วค่ะ　결혼했어요.
땽 래-우 카

แต่งมาเกือบสามปีแล้ว　결혼한 지 거의 3년 되었어요.
땽 마- 끄업 쌈- 삐- 래-우

C ยังไม่แต่งค่ะ　아직 결혼하지 않았어요.
양 마이 땽 카

ยังเป็นโสด　아직 미혼입니다.
양 뻰 쏫-

A คุณมีลูกหรือยังครับ　아이가 있나요?
쿤 미- 룩- 르- 양 크랍

B มีสองคนค่ะ　두 명 있어요.
미- 썽- 콘 카

A ลูกคุณผู้ชายหรือผู้หญิงครับ　아이가 남자아이인가요, 여자아이인가요?
룩- 쿤 푸-차-이 르- 푸-잉 크랍

B ผู้ชายคนหนึ่ง ผู้หญิงคนหนึ่งค่ะ　남자아이 한 명, 여자아이 한 명입니다.
푸- 차-이 콘 능 푸-잉 콘 능 카

C มีสามคนค่ะ　세 명이 있어요.
미- 쌈- 콘 카

ทั้งสามคนเป็นผู้ชาย　셋 모두 남자아이입니다.
탕 쌈- 콘 뻰 푸- 차-이

D มีลูกสาวคนเดียว　딸 한 명 있어요.
미- 룩- 싸-우 콘 디여우

อยู่ที่อังกฤษ　영국에 있습니다.
유- 티- 앙끄릿

새 단어

แต่งงาน 땡 응안- 결혼하다	**ทั้ง** 탕 모두, 모든, 다
โสด 쏫- 독신	**ลูกสาว** 룩- 싸-우 딸
ลูก 룩- 자녀, 아이	**เดียว** 디여우 하나의, 유일한
ผู้ชาย 푸- 차-이 남자	**อังกฤษ** 앙끄릿 영국
ผู้หญิง 푸-잉 여자	

■ **แต่งมา…แล้ว** [땡 마- … 래-우] : '결혼한 지 ~ 되었다' 라는 뜻입니다.

แต่งมาเกือบสามปีแล้ว 땡 마- 끄업 쌈- 삐- 래-우　결혼한 지 거의 3년 되었어요.
หมั้นมาเกือบสองปีแล้ว 만 마- 끄업 썽- 삐- 래-우　약혼한 지 거의 2년 되었어요.

■ **เกือบ** [끄업] : '거의' 라는 뜻을 가진 부사입니다.

เกือบทุกวัน 끄업 툭 완　거의 매일
เกือบสองปีแล้ว 끄업 썽- 삐- 래-우　거의 2년 되었다.

■ **ทั้ง** [탕] : '모두', '모든', '다' 의미를 가진 수식사입니다.

ทั้งสามคน 탕 쌈- 콘　세 사람 모두
ทั้งวัน 탕 완　온종일
ทั้งคืน 탕 큰-　밤새도록
ทั้งสิ้น 탕 씬　전부
เกือบทั้งสิ้น 끄업 탕 씬　거의 전부

알맞은 단어를 골라 문장을 완성하세요.

> ทั้ง   หรือ   อยู่   เกือบ   กับ   คน   มี

1. ครอบครัวคุณมีกี่ _________ 당신의 가족은 몇 명입니까?

2. คุณพ่อ คุณแม่ พี่ชาย พี่สาว _________ ดิฉัน
   아버지, 어머니, 오빠, 언니 그리고 나.

3. บ้านคุณ _________ สัตว์เลี้ยงไหม 당신은 집에서 애완동물을 기르나요?

4. บ้าน _________ ที่หัวหิน 집은 후어힌에 있습니다.

5. ลูกคุณผู้ชาย _________ ผู้หญิง 아이가 남자아이인가요, 여자아이인가요?

6. _________ สามคนเป็นผู้ชาย 셋 모두 남자아이입니다.

7. แต่งมา _________ สามปีแล้ว 결혼한 지 거의 3년 되었어요.

태국어로 써 보세요.

8. 결혼하다 ___________________

9. 독신 ___________________

10. 딸 ___________________

- -

อาหารไทย 아-한-타이 태국 음식

ต้มยำกุ้ง 똠얌꿍
태국식 새우 수프

ต้มข่าไก่ 똠카-까이
코코넛 밀크를 곁들인 닭고기 수프

ผัดไทย 팟타이
볶음 쌀국수

ข้าวผัดกุ้ง 카-우팟꿍
새우 볶음밥

ไก่ย่าง 까이 양-
오븐에 구워낸 닭고기

ส้มตำ 쏨땀
매콤한 파파야 샐러드

ยำวุ้นเส้น 얌운쎈-
**해산물과 다진 돼지고기를 곁들인
태국식 당면 샐러드**

ไข่เจียว 카이 찌야우

태국식 계란 부침

ยำเนื้อ 얌느어

라임을 곁들인
태국식 소고기 샐러드

หมูผัดเปรี้ยวหวาน 무 팟 쁘리야우 완-

야채와 어우러진 새콤달콤한 돼지고기 볶음요리

กุ้งผัดพริกเผา 꿍팟프릭파오

매콤한 새우 야채 볶음

แกงเขียวหวาน 깽- 키야우 완-

코코넛 밀크가 곁들여진 그린 카레

ปอเปี๊ยะ 뻐- 삐야

태국식 만두 튀김(스프링 롤)

สะเต๊ะ 싸떼 **꼬치**

คุณอายุเท่าไหร่
몇 살이세요?

기본 회화

A คุณอายุเท่าไหร่ครับ   몇 살이세요?
쿤 아-유 타오 라이 크랍

B สามสิบสองปีค่ะ   32살입니다.
쌈-씹 썽- 삐- 카

A น้องสาวคุณอายุเท่าไหร่ครับ   여동생은 몇 살인가요?
넝- 싸-우 쿤 아-유 타오 라이 크랍

B ยี่สิบเก้าปีค่ะ   29살입니다.
이-씹 까-오 삐- 카

A ลูกอายุเท่าไหร่ครับ   아이는 몇 살인가요?
룩- 아-유 타오 라이 크랍

B ผู้ชายห้าขวบ ผู้หญิงขวบกว่าค่ะ
푸- 차-이 하- 쿠업 푸-잉 쿠업 꽈- 카

남자 아이는 5살이고, 여자 아이는 1살 좀 넘었어요.

새 단어

อายุ 아-유 나이	ขวบ 쿠업 ~세, ~살(12세 이하)
ปี 삐- ~년, ~세	กว่า 꽈- ~이상
น้องสาว 넝- 싸-우 여동생	

■ **คุณอายุเท่าไหร่** [쿤 아-유 타오 라이] : 나이가 몇 살인지 물어보는 표현입니다. 다른 표현으로 **คุณอายุกี่ปี** [쿤 아-유 끼- 삐-]가 있습니다.

■ **อายุ** [아-유] : '나이' 라는 뜻으로, 명사가 술어의 역할을 하는 경우입니다.
เขาอายุสิบสามปี 카오 아-유 씹 쌈- 삐- 그는 13살입니다.

■ **ขวบ** [쿠업] : '〜살' 이라는 의미로, 보통 12세 이하 어린이의 나이를 셀 때 사용합니다.

ห้าขวบ 하- 쿠업 5살
สิบห้าปี 씹 하- 삐- 15살

■ **กว่า** [꽈-] : '〜이상', '〜남짓', '〜보다 더' 의 뜻을 가진 수식사입니다.

อายุขวบกว่า 아-유 쿠업 꽈- 나이가 1살이 넘는다.
สามเดือนกว่า 쌈- 드언 꽈- 석 달 남짓
ฉันอายุมากกว่าเขาสองปี 찬 아-유 막- 꽈- 카오 썽- 삐-
나는 그보다 나이가 2살 더 많다.

| 응용 회화 |

A ขอโทษ นายห้างอายุเท่าไหร่คะ 나이를 물어봐도 될까요?
커- 톳-　　　나-이 항- 아-유 타오 라이 카

B สี่สิบปีครับ คุณล่ะครับ 40살입니다, 당신은요?
씨-씹 삐- 크랍　　쿤 라 크랍

A สี่สิบเอ็ดปีค่ะ 41살입니다.
씨-씹 엣 삐- 카

B จริงๆ หรือครับ 정말이세요?
찡 찡 르- 크랍

นึกว่ายังไม่ถึงสี่สิบเอ็ดปี 41살로 보이지 않아요.
늑 와- 양 마이 틍 씨- 씹 엣 삐-

A จริงค่ะ ฉันแก่แล้ว 정말입니다, 나도 나이가 들었어요.
찡 카　　　 찬 깨- 래-우

B วันนี้เป็นวันเกิดของผมครับ 오늘은 제 생일입니다.
완니- 뻰 완 끄엇- 컹- 폼 크랍

A สุขสันต์วันเกิดค่ะ 생일 축하합니다.
쑥싼 완 끄엇- 카

นายห้าง	나-이 항-	백화점 주인	แก่ 깨-	늙다, 나이가 많다
จริงๆ	찡 찡	정말	สุขสันต์ 쑥싼	축하하다
นึก	늑	생각하다	วันเกิด 완 끄엇-	생일
ถึง	틍	~에 달하다		

■ **นายห้าง** [나-이 항-] : 글자 그대로는 '백화점 주인' 을 뜻합니다. '부유한 사업가' 에 대한 정중한 명칭입니다. 때로는 '외국 남성' 을 이렇게 부르곤 합니다.

■ **นึกว่า** [늑 와-] : '~하는 줄 알았다' 라는 뜻으로, 미처 몰랐던 사실을 뒤늦게 알았을 때 사용하는 표현입니다.

นึกว่ายังไม่ถึงสี่สิบเอ็ดปี 늑 와- 양 마이 틍 씨- 씹 엣 삐-
아직 41살이 안 된 줄 알았다. 〈'41살로 보이지 않는다'는 의미〉

ฉันนึกว่าเขาไม่รู้ภาษาไทย 찬 늑 와- 카오 마이 루- 파-싸- 타이
나는 그가 태국어를 못하는 줄 알았다.

■ **แก่** [깨-] : '늙다', '나이가 많다', '(색깔이) 짙다', '~에게' 라는 의미입니다.

ฉันแก่แล้ว 찬 깨- 래-우   나도 나이가 들었어요.
สีเขียวแก่ 씨- 키여우 깨-   짙은 초록색
ฉันให้เงินแก่เขา 찬 하이 응언- 깨- 카오   나는 그에게 돈을 주었다.

■ **สุขสันต์วันเกิด** [쑥싼 완 끄엇-] : '생일을 축하한다' 는 표현입니다.

💬 알맞은 단어를 골라 문장을 완성하세요.

> ถึง อายุ แก่ สุขสันต์ กว่า ปี ขวบ

1. คุณ _________ เท่าไหร่ 몇 살이세요?

2. ยี่สิบเก้า ________ 29살입니다.

3. ผู้ชายห้า _________ 남자 아이는 5살입니다.

4. ฉัน ________ แล้ว 나도 나이가 들었어요.

5. นึกว่ายังไม่ ________ สี่สิบเอ็ดปี 41살로 보이지 않아요.

6. ________ วันเกิด 생일 축하합니다.

7. ผู้หญิงขวบ _________ 여자 아이는 1살 좀 넘었어요.

💬 태국어로 써 보세요.

8. 생일 _____________________________

9. 정말 _____________________________

10. 여동생 _____________________________

ข้าวเหนียวมะม่วง 카-우 니야우 마무엉
망고와 코코넛 밀크를 곁들인 찹쌀밥

กล้วยบวชชี 끌루어이 부엇 치-
코코넛 밀크를 곁들인 바나나

สังขยา 쌍 카야-
코코넛과 계란으로 만든 카스타드

สาคู 싸- 쿠-
코코넛 밀크를 곁들여 타피오카로 만든 후식

เงาะน้ำกะทิ 응어 남 까티
코코넛 밀크에 람부탄 과일을 넣은 후식

ข้าวหลาม 카-우 람-
대나무통에 쌀과 코코넛 크림을 넣어 만든 떡

ฝอยทอง 풔-이 텅-
계란의 노른자와 설탕으로 만든 국수 모양의 과자

กล้วยเชื่อม 끌루어이 츠엄
설탕에 졸인 바나나

ข้าวเหนียวดำ 카-우 니야우 담
검정 찹쌀로 만든 푸딩

ตะโก้ 따꼬-
코코넛 크림을 넣은 태국 젤리

ไอศกรีมกะทิ 아이싸끄림 까티
코코넛 아이스크림

กล้วยทอด 끌루어이 텃-
튀긴 바나나

พรุ่งนี้ว่างไหมคะ
내일 시간 있으세요?

A พรุ่งนี้ว่างไหมครับ　　내일 시간 있으세요?

프룽니- 왕- 마이 크랍

B ไม่ว่างค่ะ　พรุ่งนี้ต้องทำงาน　　시간이 없어요. 내일은 일해야 해요.

마이 왕- 카　　프룽니- 떵- 탐 응안-

A คืนวันศุกร์ล่ะครับ　　금요일 밤은 어떤가요?

큰- 완 쑥 라 크랍

B คืนวันศุกร์ว่างค่ะ　　금요일 밤은 시간 있어요.

큰- 완 쑥 왕- 카

A ผมจะไปกินอาหารอินเดีย　　인도 음식 먹으러 갈 거예요.

폼 짜 빠이 낀 아- 한- 인디야

ไปด้วยกันไหมครับ　　함께 가실래요?

빠이 두어이 깐 마이 크랍

B โอเค　จะไปกี่โมงคะ　　좋아요. 몇 시에 갈 거예요?

오-케-　짜 빠이 끼- 몽- 카

A ประมาณทุ่มหนึ่งครับ　　저녁 7시쯤에요.

쁘라만- 툼 능 크랍

ผมจะไปรับตอนหกโมง　　제가 6시에 데리러 갈게요.

폼 짜 빠이 랍 떤- 혹 몽-

B ขอบคุณค่ะ　เจอกันวันศุกร์ตอนหกโมง

컵-쿤 카　　쩌어 깐 완쑥 떤- 혹 몽-

고맙습니다.　금요일 6시에 만나요.

คืน 큰- 밤, 저녁

อินเดีย 인디야 인도

โอเค 오- 케- O. K.

ไปรับ 빠이 랍 마중가다

เจอ 쩌어- 만나다

■ **ว่าง** [왕-] : 시간적으로 '한가하다', '시간이 있다' 는 의미이며 공간적으로는 '비다' 의 뜻을 나타냅니다.

พรุ่งนี้ว่างไหมคะ　프룽 니- 왕- 마이 카　내일 시간 있으세요?

มีห้องว่างไหมคะ　미- 헝 왕- 마이 카　빈 방 있어요?

■ **คืนวันศุกร์** [큰- 완 쑥] : '금요일 밤' 이라는 의미입니다.

เมื่อคืนนี้ 므어 큰- 니-　어젯밤　　　คืนวันอาทิตย์ 큰- 완 아-팃　일요일 밤

คืนนี้ 큰- 니-　오늘 밤　　　　　ทุกคืน 툭 큰-　매일 밤

คืนวันพรุ่งนี้ 큰- 완 프룽 니-　내일 밤

■ **เจอ** [쩌어-]

'만나다', '발견하다' 의 뜻을 지닌 단어로 구어체에서 사용합니다. 같은 의미의 พบ [폽]은 문어체에서 사용합니다.

เจอกันที่ไหน 쩌어- 깐 티- 나이　어디서 만날까요?

โทรศัพท์มือถือที่หายไปแล้ว ยังหาไม่เจอ
토-라쌉 므-트- 티- 하-이 빠이 래-우 양 하- 마이 쩌어-
잃어버린 휴대폰을 아직 못 찾았어요.

┃응용 회화┃

A วันอาทิตย์นี้คุณสองคนจะว่างไหม
완 아-팃 니- 쿤 썽- 콘 짜 왕- 마이

이번 일요일에 두 분 시간 있으세요?

B ว่าง ทำไมหรือคะ　시간 있어요. 왜요?
왕-　탐 마이 르- 카

A จะขอเชิญมาทานอาหารเย็นที่บ้าน
짜 커- 츠언- 마- 탄- 아- 한- 옌 티- 반-

집으로 저녁 식사에 초대하고 싶어요.

B เนื่องในโอกาสอะไรคะ　무슨 날이에요?
느엉 나이 오- 깟- 아라이 카

A ไม่มีอะไรมาก　별일 아니에요.
마이 미- 아라이 막-

มาให้ได้นะครับ　꼭 오세요.
마- 하이 다-이 나 크랍

B ค่ะ　네.
카

🔖 새 단어

ทำไม 탐 마이 왜	เนื่องใน 느엉 나이 ~에 즈음하여, ~을 맞이하여
ขอ 커- 청하다, 부탁하다	โอกาส 오- 깟- 기회
เชิญ 츠언- 초대하다	ให้ได้ 하이 다-이 꼭, 반드시
อาหารเย็น 아-한- 옌 저녁 식사	

■ **คุณสองคน** [쿤 썽- 콘]

'너희 두 사람' 이라는 의미를 나타냅니다. **คน** [콘]은 **คุณ** [쿤]에 대한 수량사입니다.

คนเกาหลีสองคน   콘 까올리- 썽- 콘   한국인 두 사람(수량사)

หนังสือสามเล่ม   낭쓰- 쌈- 렘-   책 세 권(수량사)

■ **ขอเชิญ** [커- 츠언-] : 초대를 청할 때 사용하는 표현입니다.

จะขอเชิญมาทานเลี้ยงที่บ้านฉัน   짜 커- 츠언- 마- 탄- 리양 티- 반- 찬
우리 집 식사에 초대하고 싶어요.

จะขอเชิญมาทานอาหารเย็นที่บ้าน   짜 커- 츠언- 마- 탄- 아-한- 옌 티- 반-
집으로 저녁 식사에 초대하고 싶어요.

■ **เนื่องในโอกาสอะไรคะ** [느엉 나이 오-깟- 아라이 카]

'무슨 날이에요?', '무슨 일 있어요?', '무슨 일인데?' 의 뜻입니다.

■ **ไม่มีอะไรมาก** [마이 미- 아라이 막-]

'특별한 건 아니야', '별일 아니야' 라는 의미를 나타냅니다.

■ **ให้ได้** [하이 다-이] : '꼭' / '반드시 하다' 는 뜻입니다.

มาให้ได้นะคะ   마- 하이 다-이 나 카   꼭 오세요.

ไปให้ได้นะคะ   빠이 하이 다-이 나 카   꼭 가세요.

ทำให้ได้นะคะ   탐 하이 다-이 나 카   꼭 하세요.

ติดต่อให้ได้นะ   띳 떠- 하이 다-이 나   꼭 연락해.

알맞은 단어를 골라 문장을 완성하세요.

> ให้ได้   ไปรับ   ว่าง   เจอกัน

1. พรุ่งนี้ _______________ ไหม 내일 시간 있으세요?

2. _______________ วันศุกร์ตอนทุ่มหนึ่ง 금요일 7시에 만나요.

3. มา _______________นะคะ 꼭 오세요.

4. ฉันจะ _______________ตอนหกโมง 제가 6시에 데리러 갈게요.

다음 단어들을 태국어로 써 보세요.

5. 매일 밤 _______________________________

6. 일요일 밤 _______________________________

7. 초대하다 _______________________________

다음 문장을 해석하세요.

8. คืนวันศุกร์ไม่ว่าง _______________________

9. เนื่องในโอกาสอะไรคะ _______________________

10. ไม่มีอะไรมาก _______________________

เครื่องดื่ม 크르엉 듬- 음료수

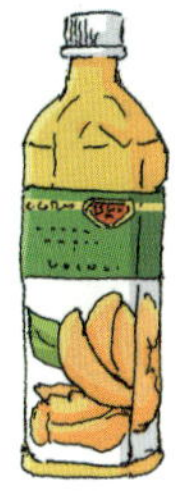

น้ำส้มคั้น 남 쏨 칸 오렌지 주스

น้ำมะพร้าว 남 마 프라-우 코코넛 주스

น้ำอัดลม 남 앗 롬 청량음료

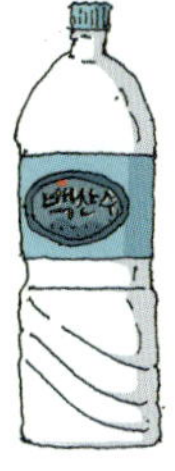

น้ำแร่ 남 래- 미네랄 워터(광천수)

น้ำเปล่า 남 쁠라-오 물

นมสด 놈 쏫 우유

น้ำชา 남 차- 차

ชาเขียว 차- 키야우 녹차

โค้ก 콕- **콜라**

โกโก้ 꼬-꼬- **코코아**

กาแฟ 까- 풰- **커피**

กาแฟเย็น 까- 풰- 옌
아이스 커피

กาแฟสำเร็จรูป 까- 풰- 쌈렛 룹-
인스턴트커피

เบียร์ 비야 **맥주**

ค็อกเทล 컥 텐- **칵테일**

ไวน์ 와이 **와인**

คุณกำลังทำอะไร
당신은 무엇을 하고 있습니까?

기본 회화

A คุณกำลังทำอะไร 당신은 무엇을 하고 있습니까?
쿤 깜랑 탐 아라이

B ฉันกำลังดูทีวี 저는 텔레비전을 보고 있습니다.
찬 깜랑 두- 티- 위-

A เขากำลังทำอะไร 그는 무엇을 하고 있어요?
카오 깜랑 탐 아라이

B เขากำลังคุยกับอาจารย์ 그는 교수님과 얘기하고 있어요.
카오 깜랑 쿠이 깝 아- 짠-

A เขากำลังจะทำอะไร 그는 무엇을 하려는 거예요?
카오 깜랑 짜 탐 아라이

B เขากำลังจะไปสนามบิน 그는 공항에 가려고 합니다.
카오 깜랑 짜 빠이 싸남- 빈

새 단어

กำลัง 깜랑 ~하고 있는

ทีวี 티-위- 텔레비전

คุย 쿠이 이야기하다

อาจารย์ 아- 짠- 교수

กำลังจะ 깜랑 짜 ~하려고 하다

จะ 짜 미래를 나타내는 조동사

■ **กำลัง** [깜랑]

'～하고 있는 중이다' 라는 뜻으로, 동사 앞에 놓여 그 동작이 현재 진행중임을 나타내는 조동사
입니다.

1. กำลัง + 동사 + อยู่
   ฉันกำลังกินข้าวอยู่   찬 깜랑 낀 카-우 유-   나는 식사하고 있습니다.

2. กำลัง + 동사
   คุณกำลังทำอะไร   쿤 깜랑 탐 아라이   너는 무엇을 하고 있니?
   ฝนกำลังตก   쫀 깜랑 똑   비가 내리고 있다.

3. 동사 + อยู่
   ทำอะไรอยู่   탐 아라이 유-   무엇을 하고 있니?
   กินข้าวอยู่   낀 카-우 유-   식사하고 있습니다.

■ **กำลังจะ** [깜랑 짜]

'～하려고 하다', '～하려던 참이다' 의 의미로 가까운 미래를 나타냅니다.

ฉันกำลังจะไปกินข้าว   찬 깜랑 짜 빠이 낀 카-우   나는 식사하러 가려고 합니다.
ฉันกำลังจะไปเมืองไทย   찬 깜랑 짜 빠이 므엉 타이   나는 태국에 가려고 합니다.

| 응용 회화 |

A คุณกำลังทำอะไรครับ 당신은 무엇을 하고 있습니까?
쿤 깜랑 탐 아라이 크랍

B ฉันตีกอล์ฟอยู่ 저는 골프를 치고 있습니다.
찬 띠- 껍- 유-

ฉันอ่านหนังสืออยู่ 저는 책을 읽고 있습니다.
찬 안- 낭쓰- 유-

ฉันกำลังล้างรถอยู่ 저는 세차를 하고 있습니다.
찬 깜랑 랑- 롯 유-

ฉันว่ายน้ำอยู่ 저는 수영을 하고 있습니다.
찬 와-이 남- 유-

ฉันนั่งฟังเพลงอยู่ 저는 앉아서 음악을 듣고 있습니다.
찬 낭 퐝 플렝- 유-

ฉันซักผ้าอยู่ 저는 빨래하고 있습니다.
찬 싹 파- 유-

ฉันกำลังขับรถอยู่ 저는 운전을 하고 있습니다.
찬 깜랑 캅 롯 유-

새 단어

ตี 띠- 치다	ฟัง 퐝 듣다
กอล์ฟ 껍- 골프	เพลง 플렝- 음악
ล้าง 랑- 씻다, 세척하다	ซักผ้า 싹 파- 빨래하다
ว่ายน้ำ 와-이 남- 수영하다	ขับ 캅 (차를) 몰다, 운전하다
นั่ง 낭 앉다	

■ 자주 사용하는 동사

ไป 빠이 가다	ตื่น 뜬– 일어나다
มา 마– 오다	นอน 넌– 잠을 자다
ดู 두– 보다	ขึ้น 큰 (차)타다, 오르다
ฟัง 퐝 듣다	ลง 롱 내리다
พูด 풋– 말하다	รอ 러– 기다리다
อ่าน 안– 읽다	เช่า 차오 빌리다
เขียน 키얀 쓰다	เจอ 쯔어– 만나다
ใช้ 차이 사용하다	คิด 킷 생각하다
ซื้อ 쓰– 사다	เข้าใจ 카오 짜이 이해하다
ขาย 카–이 팔다	จำ 짬 기억하다
กิน 낀 먹다	ลืม 름– 잊다
ดื่ม 듬– 마시다	รู้ / รู้จัก 루– / 루–짝 알다
ให้ 하이 주다	ทำงาน 탐 응안– 일하다

알맞은 단어를 골라 문장을 완성하세요.

> กำลัง   อยู่   กำลังจะ   กำลัง / อยู่

1. คุณทำอะไร ________________ คะ 당신은 무엇을 하고 있습니까?

2. ฉัน _________ กินข้าว _________ 나는 식사를 하고 있습니다.

3. ฝน _________ ตก 비가 내리고 있다.

4. ฉัน _________ ไปสนามบิน 저는 공항에 가려고 합니다.

태국어로 써 보세요.

5. 세차하다 _______________________________

6. 수영하다 _______________________________

7. 운전하다 _______________________________

8. 빨래하다 _______________________________

9. 음악을 듣다 _______________________________

10. 골프 치다 _______________________________

ผัก 팍 채소

ผักกาดขาว 팍 깟- 카-우
배추

หัวไชเท้า 후어 차이 타오
무

แตงกวา 땡- 꽈- **오이**

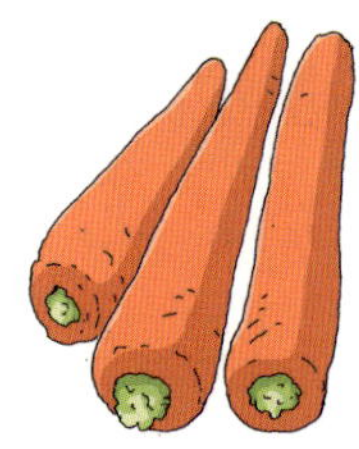

แครอท 캐- 럿- **당근**

มะเขือ 마 크어 **가지**

ถั่ว 투어 **콩**

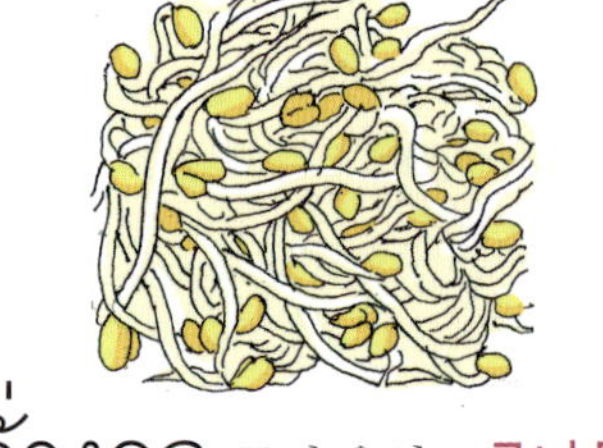

ถั่วงอก 투어 응억- **콩나물**

มะเขือเทศ 마 크어 텟-
토마토

เห็ด เฮ็ด **버섯**

ข้าวโพด คา-우 폿- **옥수수**

กะหล่ำปลี 깔 람 쁠리- **양배추**

หน่อไม้ 너- 마-이 **죽순**

หัวหอมใหญ่ 후어 험- 야이 **양파**

ต้นหอม 똔 험- **파**

กระเทียม 끄라 티얌 **마늘**

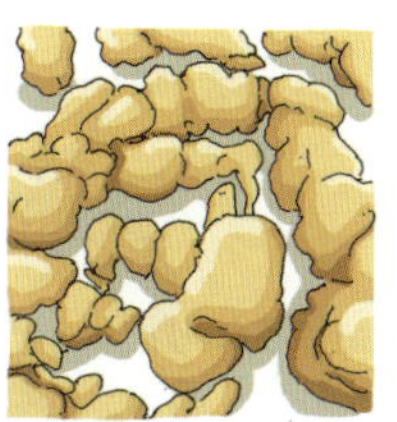

ขิง 킹 **생강**

ผักชี 팍 치- **고수**

ผักบุ้ง 팍 붕 **팍붕(물가에서 자라는 채소)**

คุณจองหรือยัง
당신은 예약했나요?

| 기본 회화 |

A ทานข้าวหรือยังครับ   식사하셨나요, 아직인가요?
탄- 카-우 르- 양 크랍

B ทานแล้วค่ะ   먹었어요.
탄- 래-우 카

ยังไม่ทานค่ะ   아직 안 먹었어요.
양 마이 탄- 카

A คุณจองตั๋วหรือยังครับ   당신은 표를 예약했나요, 아직인가요?
쿤 쩡- 뚜어 르- 양 크랍

B จองแล้วค่ะ   예약했어요.
쩡- 래-우 카

ยังไม่จองค่ะ   아직 예약 안 했어요.
양 마이 쩡- 카

🗒 새 단어

แล้ว 래-우 완료를 나타내는 조동사	จอง 쩡- 예약하다
ยัง 양 아직	ตั๋ว 뚜어 표

■ **ยัง** [양]

행위가 이루어지기 전의 '아직' 이라는 의미를 가진 부사입니다. 완료 전 부정을 나타내는 **ไม่** 앞에 사용하여 **ยังไม่** [양 마이] '아직 ~지 않았다' 라는 뜻을 나타냅니다.

เขายังไม่มา   카오 양 마이 마–   그는 아직 안 왔습니다.

น้องยังไม่ไปห้องสมุด   넝– 양 마이 빠이 헝–싸뭇
동생은 아직 도서관에 가지 않았습니다.

■ **แล้ว** [래–우] : 문장 끝이나 동사 뒤에 쓰여 동작 완료를 나타냅니다.

เมื่อวานนี้เขาไปสนามบินแล้ว   므어 완– 니– 카오 빠이 싸남– 빈 래–우
어제 그는 공항에 갔습니다.

เขาไปโรงเรียนมาแล้ว   카오 빠이 롱–리안 마– 래–우
그는 학교에 갔다 왔습니다.

■ **หรือยัง** [르– 양] : '했느냐, 아직이냐?' 의 의미를 나타내는 의문조사입니다.

긍정의 대답은 〈동사 + **แล้ว** [래–우]〉이며, 부정의 대답은 〈**ยังไม่** [양 마이] + 동사〉 또는 **ยัง**
[양]으로 표현합니다.

A : **คุณดื่มเหล้าหรือยัง**   쿤 듬– 라오 르– 양   당신은 술을 마셨나요, 아직인가요?
B : **ดื่มแล้ว**   듬– 래–우   마셨어요.
　　ยังไม่ดื่ม   양 마이 듬–   아직 마시지 않았어요.
　　ยัง   양   아직요.

응용 회화

A ฮัลโหล ขอสายคุณไพโรจน์ค่ะ
할로−　　　커− 싸−이 쿤 파이롯− 카̂

여보세요　파이롯 씨 좀 바꿔주세요.

B กำลังพูดครับ　**접니다.**
깜랑 풋− 크랍

A คุณไพโรจน์กำลังทำอะไรคะ　**파이롯 씨 뭐 하고 있어요?**
쿤 파이롯− 깜랑 탐 아라−이 카́

B กำลังจะไปทานข้าวครับ　**식사하러 가려고 합니다.**
깜랑 짜 빠−이 탄− 카̂−우 크랍

ไปกันไหมครับ　**함께 가시겠어요?**
빠−이 깐 마́이 크랍

A จะเลี้ยงหรือคะ　**사 줄 거예요?**
짜 리́양 르− 카́

B เปล่าครับ ต่างคนต่างออกครับ　**아뇨. 각자 계산해요.**
쁠라오 크랍　　땅− 콘 땅− 억− 크랍

A งั้นไม่ไปค่ะ　**그러면 안 가요.**
응안́ 마́이 빠−이 카̂

B ไปกันเถอะครับ　**갑시다.**
빠−이 깐 트̀어 크랍

คราวนี้ให้ผมเลี้ยงนะครับ　**이번에는 제가 사겠습니다.**
크라−우 니̂− 하̂이 폼 리́양 나́ 크랍

📖 새 단어

ฮัลโหล 할로- 여보세요		**ต่าง** 땅- 각각	
ขอ 커- ~해 주세요		**งั้น** 응안 그러면	
สาย 싸-이 선, 줄, 전화		**กัน** 깐 서로	
พูด 풋- 말하다		**เถอะ** 트어 ~합시다	
เลี้ยง 리양 대접하다		**คราวนี้** 크라-우 니- 이번	
เปล่า 쁠라오 부정의 의미		**ให้** 하이 ~하게 하다	

■ **ขอสาย** [커- 싸-이]

'~바꿔주세요' 라는 뜻으로, 통화하고 싶은 사람을 바꿔달라고 할 때 사용합니다. 당사자가 전화를 받은 경우에는 **กำลังพูด** [깜랑 풋-] '접니다' 라고 대답합니다.

ขอเรียนสายคุณอิงอรหน่อย 커- 리안 싸-이 쿤 잉언 너이 잉언 씨 좀 바꿔주세요.

ขอสายคุณไพโรจน์ 커- 싸-이 쿤 파이롯- 파이롯 씨 좀 바꿔주세요.

ขอพูดกับคุณแดงหน่อย 커- 풋- 깝 쿤 댕- 너이 댕 씨 좀 바꿔주세요.

■ **ต่างคนต่างออก** [땅- 콘 땅- 억-] : '각자 계산하다' 의 뜻입니다.

ต่างคนต่างไป 땅- 콘 땅- 빠이 제각기 길을 가다

ต่างคนต่างทำ 땅- 콘 땅- 탐 제각기 일을 하다

■ **งั้น** [응안]

'그러면' 의 의미로 **อย่างนั้น** [양-난]의 준말입니다.

알맞은 단어를 골라 문장을 완성하세요.

> ยัง   งั้น   พูด   เลี้ยง   เถอะ   ขอสาย   หรือยัง

1. คุณทานข้าว ____________ 당신은 식사했나요, 아직인가요?

2. ____________ ไม่ทาน 아직 안 먹었습니다.

3. ไปกัน ____________ ครับ 갑시다.

4. คราวนี้ให้ผม ____________ นะครับ 이번에는 제가 사겠습니다.

5. ____________ ไม่ไปครับ 그러면 안 가요.

6. ____________ คุณไพโรจน์ครับ 파이롯 씨 좀 바꿔주세요.

7. กำลัง ____________ ครับ 접니다.

태국어로 써 보세요.

8. 예약하다   ____________________________

9. 대접하다   ____________________________

10. 각자 계산하다   ____________________________

สัตว์ ^싿 동물

เสือ 쓰아 **호랑이**

สิงโต 씽또- **사자**

ช้าง 창- **코끼리**

ยีราฟ 이-랍- **기린**

ม้า 마- **말**

ควาย 콰-이 **물소**

จระเข้ 쩌-라케- **악어**

ลิง 링 **원숭이**

จิ้งจก 찡쪽 **도마뱀**

งู 응우- **뱀**

วัว 우어 **소**

หมู 무- **돼지**

หมา 마- **개**

แมว 매-우 **고양이**

กระต่าย 끄라 따-이
토끼

ไก่ 까이 **닭**

หนู 누- **쥐**

คุณเคยไปเมืองไทยไหม
당신은 태국에 가 본 적 있으세요?

기본 회화

A คุณเคยไปเมืองไทยไหม　당신은 태국에 가 본 적 있으세요?
쿤 크어이 빠이 므엉 타이 마이

B เคยไป　가 본 적이 있습니다.
크어이 빠이

ไม่เคยไป　가 본 적이 없습니다.
마이 크어이 빠이

A คุณเคยนั่งตุ๊กตุ๊กไหม　당신은 삼륜차를 타 본 적이 있으세요?
쿤 크어이 낭 뚝 뚝 마이

B เคยแล้ว　타 본 적이 있습니다.
크어이 래우

ยังไม่เคย　아직 타 본 적이 없습니다.
양 마이 크어이

새 단어

เคย 크어이 ~한 적이 있다	ตุ๊กตุ๊ก 뚝뚝 삼륜차
นั่ง 낭 앉다, 타다	ยัง 양 아직

■ **เคย** [크어이] : 동사 앞에 **เคย**를 사용하며 경험을 나타냅니다.

1. **เคย** + 동사 : ~ 한 적이 있다

เคยไปเมืองไทย   크어이 빠이 므엉 타이   태국에 가 본 적이 있다.

เคยพบเขา   크어이 폽 카오   그를 만난 적이 있다.

2. **ไม่เคย** + 동사 : ~ 한 적이 없다

ไม่เคยมีแฟน   마이 크어이 미- 퐨-   애인이 있었던 적이 없다.

3. **ยังไม่เคย** + 동사 : 아직 ~한 적이 없다

ยังไม่เคยไปอเมริกา   양 마이 크어이 빠이 아메-리까-   아직 미국에 가 본 적이 없다.

ยังไม่เคยกินมะม่วง   양 마이 크어이 낀 마무엉   아직 망고를 먹어본 적이 없다.

4. **เคย** + 동사 + 의문조사 / 의문대명사

เคยไปเมืองไทยไหม   크어이 빠이 므엉 타이 마이   태국에 가 본 적 있으세요?

เคยไปเมื่อไร   크어이 빠이 므어 라이   전에 언제 가 본 적이 있어요?

■ **นั่ง** [낭] : '앉다', '(차를) 타다' 의 뜻입니다. '차를 타다' 의 의미로 다른 표현도 있습니다.

นั่งตุ๊กตุ๊ก   낭 뚝뚝   삼륜차를 타다

นั่งรถเมล์ไป   낭 롯 메- 빠이   버스를 타고 가다

ขึ้นรถไฟ   큰 롯 퐈이   기차를 타다

ไปกับแท็กซี่   빠이 깝 택 씨-   택시를 타고 가다

응용 회화

A คุณเคยไปต่างจังหวัดไหมครับ 당신은 지방에 가 본 적 있으세요?
쿤 크어이 빠이 땅- 짱왓 마이 크랍

B ฉันเคยไปแต่เชียงใหม่ค่ะ 치앙마이만 가 본 적이 있어요.
찬 크어이 빠이 때- 치앙 마이 카

A ไม่เคยไปพัทยาหรือครับ 파타야는 가 본 적 없어요?
마이 크어이 빠이 팟타야- 르- 크랍

B ไม่เคยค่ะ 가 본 적 없어요.
마이 크어이 카

A พัทยาก็น่าเที่ยวมากครับ 파타야도 아주 여행할 만합니다.
팟타야- 꺼- 나- 티여우 막- 크랍

B คุณเคยไปเมืองนอกไหมคะ 당신은 외국에 가 본 적 있으세요?
쿤 크어이 빠이 므엉 넉- 마이 카

A เคยไปแต่เขมรครับ 캄보디아만 가 본 적 있어요.
크어이 빠이 때- 카멘- 크랍

B ไม่เคยไปญี่ปุ่นหรือคะ 일본에 가 본 적 없으세요?
마이 크어이 빠이 이-뿐 르- 카

A ยังไม่เคยไปครับ 아직 가 본 적 없습니다.
양 마이 크어이 빠이 크랍

새 단어

ต่างจังหวัด 땅– 짱왓 지방	**เที่ยว** 티여우 여행하다
เชียงใหม่ 치앙 마이 태국 북부의 도시	**เมืองนอก** 므엉 넉– 외국
พัทยา 팟타야– 태국의 휴양지	**แต่** 때– 오직, 단지, ~만
น่า 나– ~할 만하다	**เขมร** 카멘– 캄보디아

■ **น่า** [나–] : '~할 만하다' 또는 '~할 가치가 있다' 의 뜻으로 동사 앞에 사용됩니다.

น่าอยู่ 나– 유– 있을 만하다　　　**น่าอ่าน** 나– 안– 읽을 만하다

น่าดู 나– 두– 볼 만하다　　　**น่าสงสัย** 나– 쏭 싸이 의심스럽다

น่ารัก 나– 락 귀엽다　　　**น่าอาย** 나– 아–이 부끄럽다

น่ากิน 나– 낀 먹음직스럽다　　　**น่าสงสาร** 나– 쏭 싼– 불쌍하다

■ **แต่** [때–] : 여기서 **แต่**는 **เพียงแต่** [피양 때–] / **แต่เพียง** [때–피양]처럼 '오직', '단지',
'~뿐' 의 의미를 지닌 전치사로 사용한 경우입니다.

ฉันรักเพียงแต่เธอ　　찬 락 피양 때– 트어–　　나는 너만을 사랑해.

ช่วงนี้กินแต่ข้าวต้ม　　추엉 니– 낀 때– 카–우 똠　　요즘 죽만 먹어요.

■ **ไม่ ~ หรือ** : **ไม่**가 있는 부정문에서는 의문조사 **หรือ**를 사용할 수 있습니다. 한편 의문
조사 **ไหม**는 부정문에 사용하지 않습니다.

ไม่เคยไปญี่ปุ่นหรือ　　마이 크어이 빠이 이–뿐 르–　　일본에 가 본 적 없나요?

อันนี้ไม่เผ็ดหรือ　　안 니– 마이 펫 르–　　이것은 안 맵나요?

다음 단어로 문장을 완성하세요.

1. (เคย / ฉัน / เมืองไทย / ไป) 나는 태국에 가 본 적이 있다.

____

2. (ไม่ / หรือ / ไป / เชียงใหม่ / เคย) 치앙마이에 가 본 적 없나요?

____

3. (ไหม / ไป / เคย / เมืองนอก) 외국에 가 본 적 있으세요?

____

4. (น่า / พัทยา / มาก / ก็ / เที่ยว) 파타야도 아주 여행할 만합니다.

____

5. (ไป / ยัง / เคย / ไม่) 아직 가 본 적 없습니다.

____

태국어로 써 보세요.

6. 앉다, (차를) 타다 __________________________

7. 여행하다 __________________________

8. 귀엽다 __________________________

9. 지방 __________________________

10. 외국 __________________________

เสื้อผ้า 쓰어 파- 옷

แจ็คเก็ต 짹 껫 **재킷**

เสื้อเชิ้ต 쓰어 츠엇- **셔츠**

เสื้อยืด 쓰어 이읏- **티셔츠**

เสื้อ 쓰어 **상의**

เสื้อโค้ท 쓰어 콧- **코트**

เสื้อนอก 쓰어 넉-
외투

ชุดสูท 춧 쑷- **양복**

เสื้อกั๊ก 쓰어 깍 **조끼**

กระโปรง 끄라 쁘롱 **치마**

กางเกง 깡- 껭- **바지**

กางเกงยีนส์ 깡- 껭- 인-
청바지

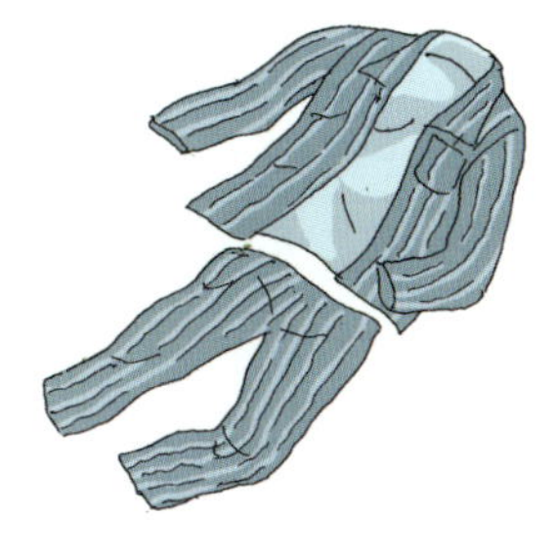

ชุดนอน 춧 넌- **잠옷**

ชุดว่ายน้ำ 춧 와-이 남-
수영복

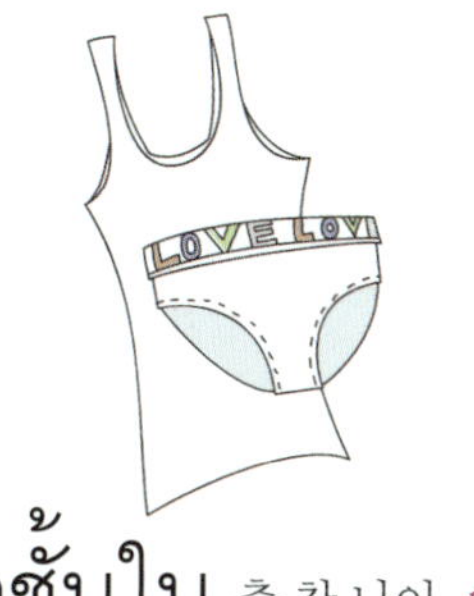

ชุดชั้นใน 춧 찬 나이 **속옷**

ผ้าพันคอ 파- 판 커-
스카프

เนคไท 넥- 타이 **넥타이**

ชุดไทย 춧 타이 **태국 전통 의상**

ฉันอยากจะดูหนัง
영화 보고 싶어요.

기본 회화

A คุณอยากจะทำอะไร 당신은 무엇을 하고 싶어요?
쿤 약– 짜 탐 아라이

B ผมอยากจะดูหนัง 저는 영화를 보고 싶어요.
폼 약– 짜 두– 낭

C ฉันอยากจะไปซื้อของ 저는 쇼핑 가고 싶어요.
찬 약– 짜 빠이 쓰– 컹–

A วันนี้คุณอยากไปคาราโอเกะไหม 오늘 노래방에 가고 싶으세요?
완니– 쿤 약– 빠이 카–라–오–께 마이

B อยากไป ผมยังไม่เคยไป 가고 싶어요. 저는 아직 가 본 적이 없습니다.
약– 빠이 폼 양 마이 크어이 빠이

C วันนี้ไม่อยากทำอะไร 오늘은 아무것도 하고 싶지 않습니다.
완 니– 마이 약– 탐 아라이

A พรุ่งนี้อยากทำอะไร 내일은 무엇을 하고 싶어요?
프룽 니– 약– 탐 아라이

B พรุ่งนี้อยากไปเที่ยวกับแฟน 내일은 여자 친구와 놀러 가고 싶어요.
프룽 니– 약– 빠이 티여우 깝 팬–

새 단어

อยาก 약– 하고 싶다	ไปซื้อของ 빠이 쓰– 컹– 쇼핑 가다
ซื้อ 쓰– 사다	คาราโอเกะ 카–라–오–께 노래방
ของ 컹– 물건	แฟน 팬– 애인, 여자 친구, 남자 친구

■ **อยาก(จะ)** [약– (짜)]

희망의 뜻을 나타내는 조동사로 동사 앞에 위치합니다. 부정형은 ไม่를 조동사 앞에 붙여서 ไม่อยาก [마이 약–] '~하고 싶지 않다' 입니다.

1. อยาก + 동사 + (목적어) : ~하고 싶다, 원하다

　　ฉันอยากกินข้าว　　찬 약– 낀 카–우　　나는 밥을 먹고 싶다.

　　ฉันอยากไปกินข้าว　　찬 약– 빠이 낀 카–우　　나는 식사하러 가고 싶다.

　　ฉันอยากดื่มกาแฟ　　찬 약– 듬– 까–풰–　　나는 커피를 마시고 싶다.

2. ไม่ + อยาก + 동사 + (목적어) : ~하고 싶지 않다

　　ฉันไม่อยากกินข้าว　　찬 마이 약– 낀 카–우　　나는 식사하고 싶지 않다.

　　ฉันไม่อยากไปกินข้าว　　찬 마이 약– 빠이 낀 카–우　　나는 식사하러 가고 싶지 않다.

3. (ไม่) + อยาก + 동사 + (목적어) + 의문사

　　อยากกินอะไร　　약– 낀 아라이　　무엇을 먹고 싶니?

　　อยากไปกินข้าวที่ไหน　　약– 빠이 낀 카–우 티– 나이　　어디에 가서 식사하고 싶니?

　　ไม่อยากกินหรือ　　마이 약– 낀 르–　　먹고 싶지 않니?

응용 회화

A วันหยุดนี้จะไปไหนดี 이번 휴일에 어디 가는 게 좋을까요?
완 웃 니- 짜 빠이 나이 디-

B ไปดูหนังกันไหม 영화 보러 갈까요?
빠이 두- 낭 깐 마이

A ก็ดีนะ จะดูเรื่องอะไรดีล่ะ 좋아요. 무슨 영화를 보는 게 좋을까요?
꺼- 디- 나 짜 두- 르엉 아라이 디- 라

B เอเวนเจอร์สิ 어벤저스
에- 웬- 쯔어- 씨

A ดูรอบเที่ยงครึ่งนะ 12시 반 걸로 봐요.
두- 럽- 티양 크릉 나

B งั้นเจอกันที่สยามพารากอน สิบเอ็ดโมงนะ
응안 쯔어- 깐 티- 싸얌- 파- 라-껀-   씹엣 몽- 나

그러면 싸얌 파라곤에서 만나요. 11시에요.

A ตกลง 좋아요.
똑 롱

วันหยุด 완 웃 휴일		รอบ 럽- 주기	
เรื่อง 르엉 이야기		เที่ยง 티양 정오	
ดีล่ะ 디- 라 ~좋을까?		ตกลง 똑 롱 찬성하다	
เจอ 쯔어- 만나다			

■ **จะไปไหนดี** [짜 빠이 나이 디-] : '어디 가는 게 좋을까' 라는 의미입니다.

■ **รอบ** [럽-] : 영화나 연극은 일정한 시간적 간격을 두고 상영이나 연극을 하게 되는데, 상영 시간 또는 상연 시간대를 일컫는 표현입니다.

หนังรอบเที่ยงครึ่ง   낭 럽- 티양 크룽   12시 반 영화

หนังรอบบ่าย   낭 럽- 바-이   오후 (시간대) 영화

หนังรอบเย็น   낭 럽- 옌   저녁 (시간대) 영화

หนังรอบดึก   낭 럽- 득   심야 영화

หนังรอบสุดท้าย   낭 럽- 쏫 타-이   마지막 영화

■ **งั้น** [응안], **ถ้างั้น** [타-응안], **ถ้าเช่นนั้น** [타-첸-난], **ถ้าอย่างนั้น** [타-양-난] : '그러면', '(만약) 그렇다면' 의 뜻을 지닌 접속사입니다. 반의어는 **ไม่งั้น** [마이 응안] '그렇지 않으면' 입니다.

งั้นเป็นอะไร   응안 뻰 아라이   그럼 뭐예요?

งั้นจะไปดู   응안 짜 빠이 두-   그러면 가서 보겠습니다.

ถ้าอย่างนั้นจะทำอย่างไรดี   타- 양-난 짜 탐 양-라이 디-
그러면 어떻게 하는 게 좋을까요?

วิ่งไปสิ ไม่งั้นจะสาย   윙 빠이 씨 마이 응안 짜 싸-이   뛰어가세요. 그렇지 않으면 늦어요.

■ **ตกลง** [똑 롱] : '좋아요' 의 의미를 지닌 동사입니다. 찬성이나 동의를 표시하는 경우에 사용하며, 다른 표현도 있습니다.

เห็นด้วย   헨 두어이   동의해요.

ดีเหมือนกัน   디- 므언 깐   좋아요.

다음 단어로 문장을 완성하세요.

1. (อยาก / ของ / ฉัน / ซื้อ / จะ / ไป) 저는 쇼핑 가고 싶어요.

----

2. (เรื่อง / ล่ะ / จะ / ดี / ดู / อะไร / หนัง) 어떤 영화를 보는 게 좋을까요?

----

3. (รอบ / ดู / ครึ่ง / เที่ยง / นะ) 12시 반 걸로 봐요.

----

4. (ไม่ / ทำ / อยาก / วันนี้ / อะไร) 오늘은 아무것도 하고 싶지 않습니다.

----

5. (ไป / นี้ / จะ / ดี / วันหยุด / ไหน) 이번 휴일에 어디 가는 게 좋을까요?

태국어로 써 보세요.

6. 하고 싶다 _____________________

7. 그러면 _____________________

8. 휴일 _____________________

9. 애인 _____________________

10. 좋아요 _____________________

정답
1. ฉันอยากจะไปซื้อของ   2. จะดูหนังเรื่องอะไรดีล่ะ   3. ดูรอบเที่ยงครึ่งนะ

4. วันนี้ไม่อยากทำอะไร   5. วันหยุดนี้จะไปไหนดี   6. อยาก   7. งั้น

8. วันหยุด   9. แฟน   10. ตกลง

เครื่องประดับ 크르엉 쁘라답 액세서리

สร้อยคอ 써이 커- **목걸이**

ตุ้มหู 뚬 후- **귀걸이**

แหวน 왠- **반지**

กำไลมือ 깜라이 므- **팔찌**

นาฬิกาข้อมือ

날-리 까- 커-므- **손목시계**

เข็มกลัด 켐 끌랏 **브로치**

แว่นกันแดด 왠 깐 댓-

선글라스

แว่นตา 왠 따- **안경**

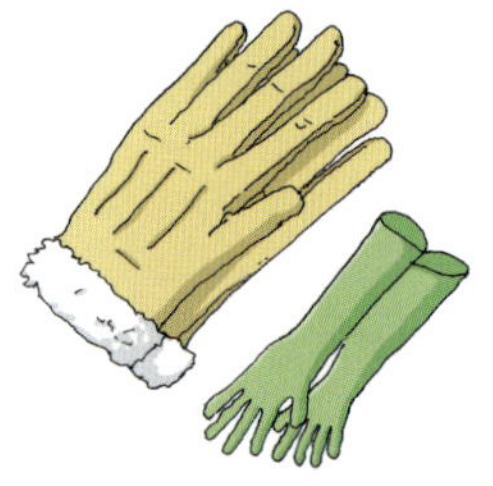

ถุงมือ 퉁 므- **장갑**

ผ้าเช็ดมือ 파- 쳇 므- **손수건**

กระเป๋าสตางค์

끄라 빠오 싸땅- **지갑**

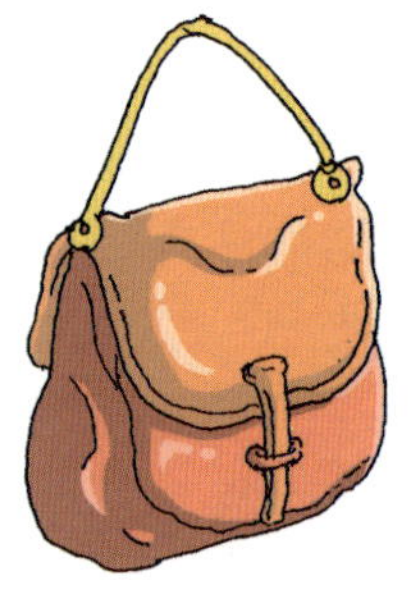

กระเป๋าถือ 끄라 빠오 트- **핸드백**

หมวก 무억 **모자**

เข็มขัด 쾜 캇 **벨트**

รองเท้า 렁- 타오 **신발**

รองเท้าผ้าใบ

렁- 타오 파- 바이 **운동화**

รองเท้าแตะ

렁- 타오 때 **슬리퍼**

มาทำงานอยู่ที่นี่นานหรือยัง
여기 와서 일한 지 얼마나 되었나요?

기본 회화

A **คุณมาเมืองไทยเมื่อไรคะ** 당신은 언제 태국에 왔어요?
쿤 마– 므엉 타이 므어 라이 카

B **ประมาณสองปีแล้วครับ** 대략 2년 되었습니다.
쁘라만– 썽– 삐– 래–우 크랍

A **มาทำงานอยู่ที่นี่นานหรือยังคะ**
마– 탐 응안– 유– 티–니– 난– 르– 양 카
여기 와서 일한 지 얼마나 되었나요?

B **เกือบปีแล้วครับ** 거의 일 년 되었어요.
끄업 삐– 래–우 크랍

A **คิดจะอยู่นานไหมคะ** 오래 있을 생각인가요?
킷 짜 유– 난– 마이 카

B **จะอยู่นานครับ** 오래 있을 거예요.
짜 유– 난– 크랍

ผมชอบที่นี่ 저는 여기가 좋습니다.
폼 첩– 티–니–

A **บริษัทของคุณทำงานวันไหนถึงวันไหนคะ**
버–리쌋 컹– 쿤 탐 응안– 완 나이 틍 완 나이 카
당신의 회사는 언제부터 언제까지 일해요?

B **บริษัทของผมทำงานวันจันทร์ถึงวันศุกร์ครับ**
버–리쌋 컹– 폼 탐 응안– 완 짠 틍 완 쑥 크랍
우리 회사는 월요일부터 금요일까지 일해요.

새 단어

เมืองไทย	므엉 타이	태국	
เมื่อไร	므어 라이	언제	
ประมาณ	쁘라만-	대략	
สองปี	썽- 삐-	2년	
ที่นี่	티-니-	여기	
เกือบ	끄업	거의	
คิด	킷	생각하다	
จะ	짜	~할 것이다	
นาน	난-	오래	
บริษัท	버-리쌋	회사	
ถึง	틍	~까지	
วันไหน	완 나이	어떤 요일	
วันจันทร์	완 짠	월요일	
วันศุกร์	완 쑥	금요일	

■ **เมื่อไร** [므어 라이]

'언제' 라는 뜻을 나타내는 의문대명사로, 시간이나 때를 물어볼 때 사용합니다.

มาเมื่อไร   마- 므어 라이   언제 왔어요?

คุณจะไปเมื่อไร   쿤 짜 빠이 므어 라이   너는 언제 갈 거니?

อ่านหนังสือพิมพ์เมื่อไร   안- 낭쓰-핌 므어 라이   언제 신문을 읽어요?

คุณจะไปธนาคารเมื่อไร   쿤 짜 빠이 타나-칸- 므어 라이   당신은 언제 은행에 가세요?

■ **นานหรือยัง** [난- 르- 양] : '얼마나 오래 되었는지' 를 묻는 표현이다.

มาเรียนนานหรือยัง   마- 리안 난- 르- 양   와서 공부한 지 얼마나 되었나요?

มาสอนนานหรือยัง   마- 썬- 난- 르- 양   와서 가르친 지 얼마나 되었나요?

มาพักนานหรือยัง   마- 팍 난- 르- 양   와서 머무른 지 얼마나 되었나요?

응용 회화

A คุณอ่านหนังสือตั้งแต่เมื่อไรคะ
쿤 안– 낭쓰– 땅때– 므어 라이 카

당신은 언제부터 공부해요?

B ผมอ่านหนังสือตั้งแต่สามทุ่มครึ่งครับ
폼 안– 낭쓰– 땅때– 쌈– 툼 크릉 크랍

저는 밤 9시 반부터 공부해요.

A คุณเรียนภาษาไทยเมื่อไรคะ
쿤 리안 파–싸–타이 므어 라이 카

당신은 언제 태국어를 배워요?

B ผมเรียนภาษาไทยจากบ่ายสองโมงถึงบ่ายสี่โมงครับ
폼 리안 파–싸–타이 짝– 바이 썽– 몽– 틍 바이 씨– 몽– 크랍

저는 오후 2시부터 오후 4시까지 태국어를 배워요.

A คุณเรียนวันละกี่ชั่วโมงคะ
쿤 리안 완 라 끼– 추어 몽– 카

당신은 하루에 몇 시간 공부하세요?

B ผมเรียนวันละสี่ชั่วโมงครับ
폼 리안 완 라 씨– 추어 몽– 크랍

하루에 4시간 공부해요.

새 단어

ตั้งแต่ 땅때– ~부터	จาก 짝– ~에서, ~부터
สามทุ่ม 쌈– 툼 밤 9시	วันละ 완 라 하루에(당)

■ **ตั้งแต่** [땅때-] ··· **ถึง** [틍···]

'~부터 ~까지'의 뜻으로 일정 시간이나 기간을 나타냅니다. **ถึง**[틍] 대신 **จน**[쫀] 또는 **จนถึง**[쫀틍]을 사용하기도 합니다.

한편 장소에 사용하는 '~부터 ~까지'의 **จาก**[짝-] ··· **ถึง**[틍]···은 시간에도 함께 사용합니다.

ฉันทำงานตั้งแต่สามทุ่มครึ่ง　찬 탐 응안- 땅때- 쌈-툼 크릉
나는 밤 9시 반부터 일합니다.

ฉันเรียนตั้งแต่วันจันทร์จนถึงวันศุกร์　찬 리안 땅때- 완 짠 쫀틍 완 쑥
나는 월요일부터 금요일까지 공부합니다.

จากบ่ายสองโมงถึงบ่ายสี่โมงเขาจะไม่ว่าง
짝- 바-이 썽- 몽- 틍 바-이 씨- 몽- 카오 짜 마이 왕-
오후 2시부터 오후 4시까지 그는 한가하지 않습니다.

จากกรุงเทพฯถึงหัวหิน　짝- 끄룽텝- 틍 후어힌　방콕에서 후어힌까지

■ **ละ** [라] : '~당', '~에', '~마다'의 뜻으로, 〈수량사 + **ละ**〉의 형태로 나타냅니다.

เรียนวันละสี่ชั่วโมง　리안 완 라 씨- 추어 몽-　하루에 4시간 공부합니다.

ค่าชมคนละหกสิบบาท　카-촘 콘 라 혹 씹 밧-　1인당 관람료가 60바트입니다.

알맞은 단어를 골라 문장을 완성하세요.

ตั้งแต่ ถึง เมื่อไร คิด นาน เกือบ ละ

1. คุณมาเมืองไทย __________ 당신은 언제 태국에 왔어요?

2. มาทำงานอยู่ที่นี่ _________ หรือยัง 여기 와서 일한 지 얼마나 되었나요?

3. _________ ปีแล้ว 거의 일 년 되었어요.

4. ฉันเรียนวัน _________สี่ชั่วโมง 하루에 4시간 공부해요.

5. ผมอ่านหนังสือ _________สามทุ่มครึ่ง 저는 밤 9시 반부터 공부해요.

6. _________จะอยู่นานไหม 오래 있을 생각인가요?

7. ผมเรียนภาษาไทยจากบ่ายสองโมง _________ บ่ายสี่โมง

저는 오후 2시부터 오후 4시까지 태국어를 배워요.

태국어로 써 보세요.

8. 대략 __________________________

9. 회사 __________________________

10. 은행 __________________________

정답

1. เมื่อไร   2. นาน   3. เกือบ   4. ละ

5. ตั้งแต่   6. คิด   7. ถึง   8. ประมาณ

9. บริษัท   10. ธนาคาร

การจราจร 깐- 짜라-짠- **교통**

รถไฟ 롯 퐈이 **기차**

รถไฟใต้ดิน
롯 퐈이 따이 딘 **지하철**

รถไฟฟ้า 롯 퐈이 퐈- **지상철**

รถเมล์ 롯 메- **버스**

แท็กซี่ 택 씨- **택시**

รถยนต์ 롯 욘 **자동차**

รถบรรทุก 롯 반툭 **트럭**

รถมอเตอร์ไซค์
롯 머-뜨어-싸이 **오토바이**

รถสกูเตอร์
롯 쓰꾸-뜨어- **스쿠터**

รถจักรยาน
롯 짝끄라얀- **자전거**

รถตุ๊กตุ๊ก 롯 뚝뚝 **삼륜차**

เครื่องบิน 크르엉 빈 **비행기**

เฮลิคอปเตอร์
헬-리 컵-뜨어- **헬리콥터**

เรือ 르어 **배**

รถพยาบาล
롯 파야-반- **구급차**

วันอาทิตย์นี้คุณจะทำอะไร
이번 일요일에 뭐 하세요?

기본 회화

A วันอาทิตย์นี้คุณจะทำอะไรครับ
완 아-팃 니- 쿤 짜 탐 아라이 크랍
이번 일요일에 뭐 하세요?

B ฉันจะไปห้างสรรพสินค้าค่ะ　저는 백화점에 갑니다.
찬 짜 빠이 항-쌉파씬카- 카

A คุณจะไปทำอะไรครับ　뭐 하러 가세요?
쿤 짜 빠이 탐 아라이 크랍

B ฉันจะไปซื้อกระเป๋าค่ะ　저는 가방 사러 갑니다.
찬 짜 빠이 쓰- 끄라 빠오 카

A คุณจะไปกับใครครับ　누구와 함께 가세요?
쿤 짜 빠이 깝 크라이 크랍

B ฉันจะไปห้างสรรพสินค้ากับเพื่อนค่ะ
찬 짜 빠이 항- 쌉파씬카- 깝 프언 카
저는 친구와 함께 백화점에 갑니다.

새 단어

วันอาทิตย์นี้ 완 아-팃 니- 이번 일요일
ห้างสรรพสินค้า 항- 쌉파씬카- 백화점

■ **กับ** [깝]

'〜와', '〜과' 라는 뜻을 나타내며, 동반이나 수단의 의미를 나타내는 전치사의 기능을 합니다.

คุณจะไปกินข้าวกับใคร   쿤 짜 빠이 낀 카-우 깝 크라이

당신은 누구와 함께 식사하러 가세요?

ฉันจะไปกับแฟน   찬 짜 빠이 깝 팬-   저는 애인과 가요.

คุณจะไปซื้อของกับใคร   쿤 짜 빠이 쓰- 컹- 깝 크라이

당신은 누구와 함께 쇼핑 가세요?

ฉันจะไปกับน้อง   찬 짜 빠이 깝 넝-   저는 동생과 가요.

คุณจะไปเรียนหนังสือกับใคร   쿤 짜 빠이 리안 낭쓰- 깝 크라이

당신은 누구와 함께 공부하러 가세요?

ฉันจะไปกับเพื่อน   찬 짜 빠이 깝 프언   저는 친구와 가요.

■ **ฉันจะไปซื้อกระเป๋า** [찬 짜 빠이 쓰- 끄라 빠오]

ไปซื้อ [빠이 쓰-] '사러 가다' 처럼 동작의 수단, 방법 등을 표현하려면 한 문장에 두 개 이상의
동사가 나열되어 동작이 행해지는 순서에 따라 쓰이게 됩니다.

ฉันไปกินข้าวกับเพื่อน   찬 빠이 낀 카-우 깝 프언   나는 친구와 식사하러 간다.

วันนี้ฉันไปเรียนภาษาอังกฤษ   완 니- 찬 빠이 리안 파-싸- 앙끄릿

오늘 나는 영어 공부하러 간다.

ฉันไปซื้อของที่ห้าง   찬 빠이 쓰- 컹- 티- 항-   나는 백화점에 쇼핑하러 간다.

응용 회화

A ไปไหนมาครับ 어디 갔다 왔어요?
빠-이 나이 마- 크랍

B ไปซูเปอร์มาเก็ตมาค่ะ 슈퍼마켓에 갔다 왔습니다.
빠-이 쑤-쁘어-마-껫 마- 카

A ซื้ออะไรมาครับ 뭘 사 왔어요?
쓰- 아라이 마- 크랍

B ซื้อผลไม้มาค่ะ 과일을 사 왔어요.
쓰- 폰라 마-이 마- 카

A ผมอยากไปหาคุณครับ 저는 당신을 뵈러 가고 싶어요.
폼 약- 빠-이 하- 쿤 크랍

B เมื่อวานนี้เขามาหาฉันค่ะ 어제 그는 나를 찾아왔어요.
므어 완- 니- 카오 마- 하- 찬 카

C เขาโทรศัพท์มาหาคุณครับ 그가 당신에게 전화를 걸었어요.
카오 토-라쌉 마-하- 쿤 크랍

D ฉันเดินไปหาเขาค่ะ 나는 그에게 걸어서 갔어요.
찬 드언- 빠-이 하- 카오 카

E วันนี้มีธุระมาก 오늘은 볼일이 많아요.
완니- 미- 투라 막-

ไปหาเขาไม่ได้ 그를 찾아갈 수 없어요.
빠-이 하- 카오 마이 다-이

📑 새 단어

ซูเปอร์มาเก็ต 쑤-쁘어-마-껫 **슈퍼마켓**	มาหา 마-하- **찾아오다**
ซื้อ 쓰- **사다**	โทรศัพท์ 토-라 쌉 **전화**
ผลไม้ 폰라 마-이 **과일**	เดิน 드언- **걷다**
ไปหา 빠이 하- **찾아가다**	ธุระ 투라 **용무, 볼일**
เมื่อวานนี้ 므어 완- 니- **어제**	ไม่ได้ 마이 다이 **~할 수 없다**

■ **มา** [마-] : 문장 끝에서의 **มา**는 '뭔가를 하고 돌아왔다' 는 의미로 과거를 나타냅니다.

ไปตลาดมา 빠이 딸랏- 마- 시장에 갔다 왔어요.

ซื้ออะไรมา 쓰- 아라이 마- 뭘 사 왔어요?

ซื้อมะม่วงมา 쓰- 마무엉 마- 망고를 사 왔어요.

■ **ไปหา** [빠이 하-], **มาหา** [마- 하-] : ไป와 มา가 다른 동사와 결합하여 동사구를 이루는 경우이다. 뒤에 오는 동사의 동작을 행하기 위해 ไป와 มา는 방향을 나타냅니다.

ฉันไปหาเขา 찬 빠이 하- 카오 나는 그를 찾아갔다.

เขามาหาฉัน 카오 마- 하- 찬 그는 나를 찾아왔다.

알맞은 단어를 골라 문장을 완성하세요.

> ไปหา   ผลไม้   กับ   มา   ไปซื้อ

1. ฉันจะไปห้างสรรพสินค้า _________ เพื่อน
   저는 친구와 함께 백화점에 갑니다.

2. ฉันจะ _________ กระเป๋า 저는 가방 사러 갑니다.

3. ไปซูเปอร์มาเก็ต _________ 슈퍼마켓에 갔다 왔습니다.

4. ผมอยาก _________ คุณ 저는 당신을 뵈러 가고 싶습니다.

5. ซื้อ _________ มา 과일을 사 왔어요.

💬 태국어로 써 보세요.

6. 백화점 _____________________

7. 친구 _____________________

8. 찾아오다 _____________________

9. 걷다 _____________________

10. 용무 _____________________

정답

1. กับ	2. ไปซื้อ	3. มา	4. ไปหา
5. ผลไม้	6. ห้างสรรพสินค้า	7. เพื่อน	8. มาหา
9. เดิน	10. ธุระ		

ปลาทูน่า
쁠라- 투- 나 **참치**

ปลาแซลมอน
쁠라- 쌘- 먼 **연어**

ปลาซาบะ
쁠라- 싸- 바 **고등어**

ปลาไหล
쁠라- 라이 **장어**

ปลาฉลาม
쁠라 찰람- **상어**

ปลาหมึก
쁠라- 믁 **오징어**

กุ้ง 꿍 **새우**

ปู 뿌- **게**

หอยนางรม

허-이 낭- 롬 **굴**

หอย 허-이 **조개**

หอยลาย

허-이 라-이 **바지락**

หอยแครง

허-이 크랭- **꼬막**

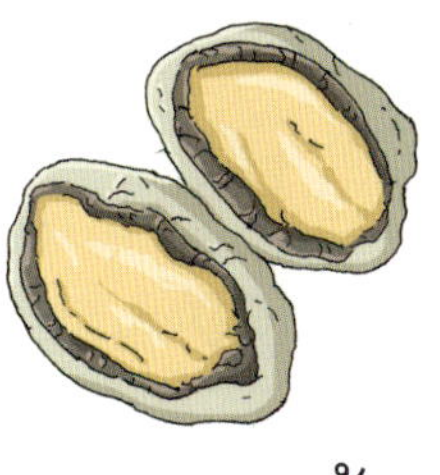

หอยเป๋าฮื้อ

허-이 빠오 흐- **전복**

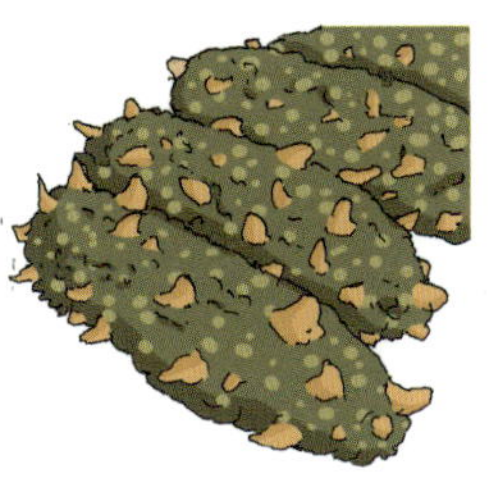

ปลิงทะเล

쁠링 탈레- **해삼**

ปกติคุณไปทำงานยังไงคะ
보통 어떻게 직장에 가세요?

A ปกติคุณไปทำงานยังไงคะ 보통 어떻게 직장에 가세요?
뽁까띠 쿤 빠이 탐 응안– 양 응아이 카

B ผมไปทำงานโดยรถยนต์ครับ 저는 자동차를 타고 직장에 갑니다.
폼 빠이 탐 응안– 도–이 롯욘 크랍

นั่งแท็กซี่ไปครับ 택시 타고 갑니다.
낭 택씨– 빠이 크랍

ขี่มอเตอร์ไซค์ไปครับ 오토바이 타고 갑니다.
키– 머–뜨어–싸이 빠이 크랍

เดินไปครับ 걸어갑니다.
드언– 빠이 크랍

ขับรถไปเองครับ 직접 차를 운전해서 갑니다.
캅 롯 빠이 엥– 크랍

นั่งรถไฟฟ้าบีทีเอสไปครับ BTS 전철 타고 갑니다.
낭 롯 퐈이 퐈– 비–티–엣– 빠이 크랍

พ่อขับรถไปส่งฉันที่บริษัท 아버지가 차로 회사까지 태워 줍니다.
퍼– 캅 롯 빠이 쏭 찬 티– 버–리쌋

새 단어

ปกติ 뽁까띠 보통, 평소	มอเตอร์ไซค์ 머-뜨어-싸이 오토바이
ยังไง 양 응아이 어떻게	เดินไป 드언- 빠이 걸어가다
โดย 도-이 ~로	เอง 엥- 자신의, 스스로
รถยนต์ 롯욘 자동차	รถไฟฟ้า 롯 퐈이 퐈- 전철
แท็กซี่ 택씨- 택시	ไปส่ง 빠이 쏭 배웅하다, 데려다주다
ขี่ 키- (오토바이, 자전거를) 타다	

■ **ปกติ** [뽁까띠] : '보통', '평소' 라는 의미로 **ปรกติ** [쁘록까띠]라고도 합니다.

■ **ยังไง** [양 응아이] : '어떻게' 의 뜻으로, 보통 구어체에서 많이 사용합니다. 같은 표현으로 อย่างไร [양-라이]가 있습니다.

ไปยังไง　빠이 양 응아이　어떻게 가나요?

พรุ่งนี้พบกันยังไง　프룽 니- 폽 깐 양 응아이　내일 어떻게 만나요?

■ **โดย** [도-이] : '~으로', '~를 통해', '~에 의해' 의 뜻을 가지며, 수단과 방법을 나타냅니다.

เขาขนส่งของมาจากปูซานโดยรถยนต์　그는 화물을 부산에서 자동차로 수송했다.
카오 콘쏭 컹- 마- 짝- 뿌-싼- 도-이 롯 욘

ฉันไปกรุงเทพฯโดยสายการบินไทย　나는 타이항공으로 방콕에 갔다.
찬 빠이 끄룽텝- 도-이 싸-이 깐- 빈 타이

เขาไปเกาะภูเก็ตโดยเครื่องบิน　그는 비행기로 푸껫에 갔다.
카오 빠이 꺼 푸-껫 도-이 크르엉 빈

■ **ขี่** [키-] : 말, 자전거 또는 오토바이를 탈 때는 동사 **ขี่**를 사용합니다.

ขี่ม้า　키- 마-　말을 타다.

ขี่มอเตอร์ไซค์ไป　키- 머-뜨어-싸이 빠이　오토바이를 타고 가다.

ขี่จักรยานไป　키- 짝끄라얀- 빠이　자전거를 타고 가다.

ปั่นจักรยานไปทำงาน　빤 짝끄라얀- 빠이 탐 응안-　자전거를 타고 회사에 갑니다.

■ **เอง** [엥-] : 〈동사 + **เอง**〉은 '직접, 자신이, 본인 스스로~하다' 의 의미입니다.

ขับรถไปเอง　캅 롯 빠이 엥-　차를 직접 몰고 갑니다.

ฉันเคยทำต้มยำกุ้งเอง　찬 크어이 탐 똠얌꿍 엥-
나는 똠얌꿍을 직접 만들어 본 적 있다.

ขนมที่วางบนโต๊ะ ฉันซื้อมาเอง　카놈 티- 왕- 본 또 찬 쓰- 마- 엥-
테이블 위에 놓인 과자를 내가 직접 사 왔다.

อาหารทั้งหมดนี้ คุณแม่ทำเอง　아-한- 탕못 니- 쿤매- 탐 엥-
이 모든 음식을 어머니가 직접 만들었다.

■ **รถไฟฟ้าบีทีเอส** [롯 퐈이 퐈- 비-티-엣-]

방콕의 전철은 지상철(BTS)과 지하철(MRT)이 있습니다. 여기서 **รถไฟฟ้า**는 'BTS(Bangkok Mass Transit System) 지상철' 을 뜻합니다. **รถไฟใต้ดิน** [롯 퐈이 따이 딘]은 'MRT(Mass Rapid Transit) 지하철' 을 의미합니다.

| 응용 회화 |

A ขอโทษครับ   실례합니다.
커-톳- 크랍

ไปสุขุมวิทอย่างไรครับ   쑤쿰윗은 어떻게 갑니까?
빠-이 쑤쿰윗 양-라이 크랍

B ไปได้หลายทางค่ะ   여러 방법으로 갈 수 있습니다.
빠-이 다이 라-이 탕- 카

คุณจะไปรถตุ๊กตุ๊ก แท็กซี่ รถเมล์ หรือเดินไปก็ได้ค่ะ
쿤 짜 빠이 롯뚝뚝 택씨- 롯메- 르- 드언- 빠-이 꺼- 다이 카

툭툭, 택시, 버스로 가거나 걸어가도 됩니다.

A ไปรถเมล์สายอะไรครับ   몇 번 버스가 가나요?
빠-이 롯 메- 싸-이 아라이 크랍

B สาย 98 ค่ะ   98번입니다.
싸-이 까-오 씹 뺏- 카

A ป้ายรถเมล์อยู่ที่ไหนครับ   버스 정류장은 어디에 있습니까?
빠-이 롯 메- 유- 티- 나이 크랍

B อยู่หัวมุมถนนค่ะ   길 모퉁이에 있습니다.
유- 후어 뭄 타논 카

A ขอบคุณครับ   고맙습니다.
컵- 쿤 크랍

새 단어

อย่างไร 양-라이 어떻게	**สาย** 싸-이 선, 줄
ได้ 다이 ～할 수 있다	**ป้ายรถเมล์** 빠-이 롯 메- 버스 정류장
หลาย 라-이 여러	**หัวมุม** 후어 뭄 모퉁이
ทาง 탕- 길, 방법	**ถนน** 타논 도로, 길
รถเมล์ 롯 메- 버스	

■ **อย่างไร** [양-라이] : '어떻게' 라는 뜻으로, 의문사입니다.

ไปสถานทูตอย่างไร 빠이 싸탄-툿- 양-라이 　대사관은 어떻게 갑니까?

ไปพิพิธพัณฑ์อย่างไร 빠이 피피타판 양-라이 　박물관은 어떻게 갑니까?

ไปไปรษณีย์อย่างไร 빠이 쁘라이싸니- 양-라이 　우체국에 어떻게 갑니까?

ไปสวนสาธารณะอย่างไร 빠이 쑤언 싸-타-라나 양-라이 　공원에 어떻게 갑니까?

ไปโรงแรมอย่างไร 빠이 롱-램- 양-라이 　호텔에 어떻게 갑니까?

■ **ก็ได้** [꺼- 다이] : ก็는 '～도', ได้는 '～할 수 있다' 는 뜻입니다. 두 어휘를 결합한 **ก็ได้** 는 '～해도 된다' 의 의미로, 문장 끝에 사용합니다.

กลับบ้านก็ได้ 끌랍 반- 꺼- 다이 　집에 가도 된다.

ดื่มก็ได้ 듬- 꺼- 다이 　마셔도 된다.

เดินไปก็ได้ 드언- 빠이 꺼- 다이 　걸어가도 된다.

■ **ไปรถตุ๊กตุ๊ก หรือเดินไปก็ได้** [빠이 롯 뚝뚝 르- 드언- 빠이 꺼- 다이]

여기서 **ไป**는 '차를 타다'의 의미로 **นั่ง** [낭] 또는 **ขึ้น** [큰]을 사용할 수 있습니다. 한편 배를 탈 때는 **ลง** [롱]을 사용하며, 배에서 내릴 때는 **ขึ้น** [큰]을 사용합니다.

นั่งแท็กซี่หรือเดินไปก็ได้   낭 택씨- 르- 드언- 빠이 꺼- 다이
택시를 타거나 걸어가도 됩니다.

ขึ้นรถเมล์หรือเดินไปก็ได้   큰 롯 메- 르- 드언- 빠이 꺼- 다이
버스를 타거나 걸어가도 됩니다.

ไปรถไฟฟ้าหรือเดินไปก็ได้   빠이 롯 퐈이 퐈- 르- 드언- 빠이 꺼- 다이
전철을 타거나 걸어가도 됩니다.

นั่งรถไฟใต้ดินหรือเดินไปก็ได้   낭 롯 퐈이 따이 딘 르- 드언- 빠이 꺼- 다이
지하철을 타거나 걸어가도 됩니다.

ลงเรือหรือเดินไปก็ได้   롱 르어 르- 드언- 빠이 꺼- 다이
배를 타거나 걸어가도 됩니다.

■ **ไปรถเมล์สายอะไร** [빠이 롯 메- 싸-이 아라이] : '몇 번 버스가 가나요?' 라는

의미로, 여기서 **สาย**는 노선 번호를 의미합니다.

■ **อยู่หัวมุมถนน** [유- 후어 뭄 타논] : '길 모퉁이에 있다' 는 의미로, **หัวมุมถนน**은

길 모퉁이를 뜻하며, **อยู่**는 '~에 있다' 로 위치를 나타냅니다.

อยู่ใกล้ห้างสรรพสินค้า   유- 끌라이 항- 쌉파씬카-   백화점 근처에 있다.
อยู่ตรงข้ามโรงพยาบาล   유- 뜨롱 캄- 롱- 파야-반-   병원 건너편에 있다.
อยู่ข้างหน้าธนาคาร   유- 캉- 나- 타나-칸-   은행 앞쪽에 있다.

알맞은 단어를 골라 문장을 완성하세요.

> โดย　สาย　ก็ได้　ยังไง　ขับ　เอง　ขี่

1. ปกติคุณไปทำงาน ________ 보통 어떻게 직장에 가세요?

2. ฉันไปทำงาน ________ รถยนต์ 저는 자동차를 타고 직장에 갑니다.

3. ขับรถไป ________ 직접 차를 운전해서 갑니다.

4. ________ มอเตอร์ไซค์ไป 오토바이 타고 갑니다.

5. พ่อ ________ รถไปส่งฉันที่บริษัท 아버지가 차로 회사까지 태워 줍니다.

6. ไปรถเมล์ ________ อะไร 몇 번 버스가 가나요?

7. คุณจะไปรถตุ๊กตุ๊ก แท็กซี่ รถเมล์ หรือเดินไป ________

   툭툭, 택시, 버스로 가거나 걸어가도 됩니다.

태국어로 써 보세요.

8. 전철　________________________

9. 모퉁이　________________________

10. 버스 정류장　________________________

정답

1. ยังไง	2. โดย	3. เอง	4. ขี่
5. ขับ	6. สาย	7. ก็ได้	8. รถไฟฟ้า
9. หัวมุม	10. ป้ายรถเมล์		

ดอกไม้ 덕- 마-이 꽃

ดอกกุหลาบ
덕- 꿀랍- **장미**

ดอกลิลลี่
덕- 릴리- **백합**

ดอกทิวลิป
덕- 티우 립 **튤립**

ดอกเก๊กฮวย
덕- 껙- 후어이 **국화**

ดอกดาวกระจาย
덕- 다-우 끄라 짜-이 **코스모스**

ดอกทานตะวัน
덕- 탄- 따완 **해바라기**

ดอกบัว 덕- 부아 **연꽃**

กล้วยไม้
끌루어이 마-이 **난초(오키드)**

มะลิ 말리 **재스민**

กระบองเพชร
끄라 벙- 펫 **선인장**

ต้นมะพร้าว
똔 마 프라-우 **야자수**

ต้นกล้วย
똔 끌루어이 **바나나 나무**

ต้นแปะก๊วย
똔 빼 꾸어이 **은행나무**

ต้นสน 똔 쏜 **소나무**

ไม้ไผ่ 마-이 파이 **대나무**

คุณว่ายน้ำเป็นไหม
수영할 줄 아세요?

기본 회화

A **จำผมได้ไหมครับ** 나를 기억하십니까?
짬 폼 다^이 마이 크랍

B **จำได้ค่ะ** 기억합니다.
짬 다^이 카

จำไม่ได้ค่ะ 기억 못 합니다.
짬 마이 다^이 카

A **คุณว่ายน้ำเป็นไหมครับ** 수영할 줄 아세요?
쿤 와^이 남- 뻰 마이 크랍

B **ว่ายน้ำเป็นค่ะ** 수영할 줄 압니다.
와^이 남 뻰 카

ว่ายน้ำไม่เป็นค่ะ 수영할 줄 모릅니다.
와^이 남- 마이 뻰 카

새 단어

จำ 짬 기억하다	**ว่ายน้ำ** 와-이 남- 수영하다
ได้ 다-이 ~할 수 있다	**เป็น** 뻰 ~할 줄 알다

■ **ได้** [다-이]

'~할 수 있다'는 뜻으로 가능을 나타내는 조동사입니다. 동사의 뒤에 위치하며, 불가능을 나타낼 경우는 **ไม่** [마이]가 **ได้** 앞에 위치하게 됩니다. 강조를 나타낼 때는 본동사 앞에 **สามารถ** [싸-맛-]을 사용합니다.

ทานอาหารเผ็ดได้ 탄- 아-한- 펫 다-이 매운 음식을 먹을 수 있어요.

ทานอาหารเผ็ดไม่ได้ 탄- 아-한- 펫 마이 다-이 매운 음식을 먹을 수 없어요.

สูบบุหรี่ในโรงพยาบาลไม่ได้ 쑵- 부리- 나이 롱- 파야-반- 마이 다-이
병원에서 흡연할 수 없어요.

สามารถเลิกสูบบุหรี่ได้ 싸-맛- 르억- 쑵- 부리- 다-이 담배를 끊을 수 있어요.

■ **เป็น** [뻰]

학습이나 연습을 통하여 '~할 수 있다', '~할 줄 안다'는 의미의 능력을 나타내는 조동사입니다. 동사의 뒤에 위치하며, 불가능을 나타낼 경우는 **ไม่** [마이]가 **เป็น** 앞에 위치하게 됩니다.

ทำเป็น 탐 뻰 할 줄 알아요.

ทำไม่เป็น 탐 마이 뻰 할 줄 모릅니다.

ขับรถเป็น 캅 롯 뻰 운전할 줄 알아요.

ขับรถไม่เป็น 캅 롯 마이 뻰 운전할 줄 모릅니다.

ขับรถเป็นไหม 캅 롯 뻰 마이 운전할 줄 알아요?

| 응용 회화 |

A คุณพูดภาษาไทยได้ไหมครับ
쿤 풋- 파-싸-타이 다-이 마이 크랍
당신은 태국어를 말할 수 있어요?

B ได้นิดหน่อยค่ะ 조금 할 수 있어요.
다-이 닛 너이 카

A คุณอ่านภาษาไทยออกไหมครับ 당신은 태국어를 읽을 수 있어요?
쿤 안- 파-싸- 타이 억- 마이 크랍

B อ่านออกนิดหน่อย 조금 읽을 수 있어요.
안- 억- 닛 너이

แต่เขียนไม่ได้ค่ะ 하지만 쓸 수 없어요.
때- 키얀 마이 다-이 카

A คุณเขียนภาษาไทยได้ไหมครับ 당신은 태국어를 쓸 수 있어요?
쿤 키얀 파-싸-타이 다-이 마이 크랍

B ไม่ได้ 못해요.
마이 다-이

แต่อ่านได้นิดหน่อยค่ะ 하지만 조금 읽을 수 있어요.
때- 안- 다-이 닛 너이 카

A คุณเรียนภาษาไทยที่ไหนครับ 당신은 태국어를 어디서 배웠나요?
쿤 리안 파-싸-타이 티-나이 크랍

B เรียนกับคนไทยในเกาหลีค่ะ 한국에서 태국인에게 배웠어요.
리안 깝 콘 타이 나이 까올리- 카

A คุณพูดไทยเก่งมากครับ 태국어를 아주 잘하네요.
쿤 풋- 타이 껭 막- 크랍

새 단어

ออก 억- ~해내다	**ใน** 나이 ~안에
แต่ 때- 그러나, 하지만	**เก่ง** 껭 잘하다

■ **พูดภาษาไทย** [풋- 파-싸- 타이] : '태국어를 말하다' 라는 뜻으로 줄여서 **พูดไทย**

[풋- 타이]라고 합니다.

■ **ได้ไหม** [다-이 마이] : 문장 끝에 위치하며, '~할 수 있어요?' 의 의미를 나타냅니다.

ฉันไปได้ไหม   찬 빠이 다-이 마이   가도 돼요?

คุณอ่านภาษาไทยได้ไหม   쿤 안- 파-싸-타이 다-이 마이

당신은 태국어를 읽을 수 있어요?

พูดช้าๆได้ไหม   풋- 차-차- 다-이 마이   천천히 말해 주시겠습니까?

พูดอีกทีได้ไหม   풋- 익-티 다-이 마이   한번 더 말해 주시겠습니까?

จอดรถที่นี่ได้ไหม   쩟- 롯 티-니 다-이 마이   여기 주차할 수 있어요?

■ **ออก** [억-] : 종종 동사 **พูด** [풋-] / **อ่าน** [안-] / **เขียน** [키-얀]과 함께 쓰여집니다.

อ่านหนังสือพิมพ์ภาษาไทยไม่ออก   안- 낭쓰-핌 파-싸-타이 마이 억-

태국 신문을 읽을 수 없어요.

알맞은 단어를 골라 문장을 완성하세요.

> ได้ไหม   ช้าๆ   ไม่ได้   เขียน   ได้   ใน   เป็น

1. ทานอาหารเผ็ด __________ 매운 음식을 먹을 수 없어요.

2. จอดรถที่นี่ _________ ไหม 여기 주차할 수 있어요?

3. ขับรถ _________ ไหม 운전할 줄 아나요?

4. เรียนกับคนไทย _________ เกาหลี 한국에서 태국인에게 배웠어요.

5. คุณพูดภาษาไทย _________ 당신은 태국어를 말할 수 있어요?

6. พูด _________ ได้ไหม 천천히 말해 주시겠습니까?

7. คุณ _________ ภาษาไทยได้ไหม 당신은 태국어를 쓸 수 있어요?

태국어로 써 보세요.

8. 기억하다   ____________________

9. 읽다   ____________________

10. 수영하다   ____________________

ครู 크루- **교사**

อาจารย์ 아-짠- **교수**

ข้าราชการ

카-랏-차깐- **공무원**

นักกีฬา

낙 낄-라 **운동선수**

นางพยาบาล

낭- 파야-반 **간호사**

หมอ 머- **의사**

เภสัชกร

페-쌋차껀- **약사**

ทนายความ

타나-이 쾀- **변호사**

ตำรวจ 땀 루엇 **경찰**

นักข่าว 낙 카-우 **기자**

นักร้อง 낙 렁- **가수**

นักแสดง

낙 싸댕- **배우**

ดารา 다-라- **연예인**

จิตรกร 찟뜨라껀- **화가**

ชาวนา

차-우 나- **농부**

พ่อครัว 퍼- 크루어 **남자 요리사**

แม่ครัว 매- 크루어 **여자 요리사**

ฉันเป็นครูภาษาอังกฤษ
저는 영어 교사입니다.

기본 회화

A เขามีอาชีพอะไรครับ 그는 직업이 무엇입니까?
카오 미- 아-칩- 아라이 크랍

B เขาเป็นครูค่ะ 그는 교사입니다.
카오 뺀 크루- 카

A สอนอะไรครับ 무엇을 가르치나요?
썬- 아라이 크랍

B สอนวิทยาศาสตร์ค่ะ 과학을 가르칩니다.
썬- 윗타야-싼- 카

A เป็นครูมากี่ปีแล้วครับ 교사 한 지 몇 년 되셨나요?
뺀 크루- 마- 끼- 삐- 래-우 크랍

B สองปีกว่าค่ะ 2년이 좀 지났습니다.
썽- 삐- 꽈- 카

A คุณทำงานอะไรครับ 무슨 일을 하세요?
쿤 탐 응안- 아라이 크랍

B ฉันทำงานบริษัทค่ะ 저는 회사에서 일합니다.
찬 탐 응안- 버-리싿 카

새 단어

อาชีพ 아-칩- 직업	วิทยาศาสตร์ 윗타야-싿- 과학
ครู 크루- 교사	บริษัท 버-리싿 회사
สอน 썬- 가르치다	กว่า 꽈- ~이상의

■ **직업에 관한 표현**

คุณมีอาชีพอะไร 쿤 미- 아-칩- 아라이 당신은 직업이 무엇입니까?

คุณทำงานอะไร 쿤 탐 응안- 아라이 당신은 어떤(무슨) 일을 하세요?

ฉันเป็นข้าราชการ 찬 뺀 카-랏-차깐- 저는 공무원입니다.

ฉันเป็นวิศวกร 찬 뺀 윗싸와껀- 저는 엔지니어입니다.

ฉันเป็นพนักงานขาย 찬 뺀 파낙응안- 카-이 저는 판매원입니다.

■ สอนวิทยาศาสตร์ 썬- 윗타야-쌋- 과학을 가르칩니다.

สอนประวัติศาสตร์ 썬- 쁘라왓띠쌋- 역사를 가르칩니다.

สอนคณิตศาสตร์ 썬- 카닛따쌋- 수학을 가르칩니다.

■ **เป็นมากี่ปีแล้ว** [뺀 마- 끼- 삐- 래-우] : 몇 년간 지속되어 오고 있음을 의미합니다.

เป็นครูมา 2 ปีแล้ว 뺀 크루- 마- 썽- 삐- 래-우 교사 한 지 2년 되었습니다.

| 응용 회화 |

A คุณทำงานที่ไหนคะ 어디서 근무하세요?
쿤 탐 응안- 티- 나이 카

B ผมทำงานธนาคารครับ 은행에 근무합니다.
폼 탐 응안- 타나-칸- 크랍

A ธนาคารอะไรคะ 무슨 은행인가요?
타나-칸- 아라이 카

B ธนาคารกรุงไทยครับ 끄룽타이 은행입니다.
타나-칸 끄룽 타이 크랍

A ขอโทษ คุณได้เงินเดือนเท่าไหร่คะ
커- 톳   쿤 다이 응언- 드언 타오 라이 카

죄송하지만 월급을 얼마나 받아요?

B ไม่มากเท่าไหร่หรอกครับ 별로 많지 않아요.
마이 막- 타오 라이 럭 크랍

A เขาทำงานกับบริษัทอะไรคะ 그는 무슨 회사와 일을 합니까?
카오 탐 응안- 깝 버-리쌋 아라이 카

B ทำงานกับบริษัทจีนครับ 중국 회사와 일을 합니다.
탐 응안- 깝 버-리쌋 찐- 크랍

ผมคิดว่าเขาเป็นนักธุรกิจจากจีน
폼 킷 와- 카오 뻰 낙 투라낏 짝- 찐-

저는 그가 중국의 사업가라고 생각해요.

새 단어

ธนาคาร 타나-칸- 은행	หรอก 럭 강조를 나타내는 어조사
ได้เงิน 다이 응언- 돈을 벌다	คิด 킷 생각하다
เงินเดือน 응언- 드언 월급	นักธุรกิจ 낙 투라낏 사업가

■ **เท่าไหร่** [타오 라이] : '얼마', '얼마나', '별로' 의 뜻이 있습니다.

คุณได้เงินเดือนเท่าไหร่　쿤 다이 응언- 드언 타오 라이　월급을 얼마나 받아요?

ไม่มากเท่าไหร่หรอก　마이 막- 타오 라이 럭　별로 많지 않아요.

■ **นักธุรกิจ** [낙 투라낏] : '사업가' 라는 뜻입니다. นัก은 접두사로 일을 전문으로 하는 사

람을 의미하며, ธุรกิจ은 사업을 뜻합니다.

นักร้อง　낙 렁-　가수

นักดนตรี　낙 돈뜨리-　음악가

นักบิน　낙 빈　비행사

นักกีฬา　낙 낄-라-　운동선수

นักเขียน　낙 키얀　작가

■ **หรอก** [럭] : 강조의 의미를 나타냅니다.

คงไม่ง่ายหรอก　콩 마이 응아-이 럭　아마 쉽지 않을 거예요.

■ **ฉันคิดว่า** [찬 킷 와-] : '나는 ~라고 생각한다' 또는 '내 생각에는 ~' 라는 의미로, 자신의 생각을 이야기할 때 사용하는 표현입니다. 다른 표현으로 **เห็นว่า** [헨 와-]도 있습니다.

ฉันคิดว่าอาหารไทยอร่อยจริงๆ 찬 킷 와- 아-한- 타이 아러이 찡 찡
저는 태국 음식이 정말 맛있다고 생각해요.

ฉันคิดว่าอาหารไทยเผ็ด 찬 킷 와 아-한 타이 펫
저는 태국 음식이 맵다고 생각해요.

ฉันคิดว่าจะไปเมืองไทยสิ้นเดือนนี้
찬 킷 와 짜 빠이 므엉 타이 씬 드언 니-
제 생각에 이달 말에 태국에 갈 거예요.

ฉันคิดว่าคนไทยชอบมวยไทยมาก
찬 킷 와- 콘 타이 첩- 무어이 타이 막-
저는 태국 사람들이 킥복싱을 정말 좋아한다고 생각해요.

알맞은 단어를 골라 문장을 완성하세요.

> เท่าไหร่   อาชีพ   คิดว่า   มา   ธนาคาร   ได้   อะไร

1. เขามี ________ อะไร   당신은 직업이 무엇입니까?

2. เป็นครู ________ กี่ปีแล้ว   교사 한 지 몇 년 되었나요?

3. คุณ ________ เงินเดือนเท่าไหร่   당신은 월급을 얼마나 받아요?

4. ฉันทำงาน ________________   저는 은행에 근무합니다.

5. เขาทำงานกับบริษัท ________   그는 무슨 회사와 일을 합니까?

6. ไม่มาก ________ หรอก   별로 많지 않아요.

7. ฉัน ________ เขาเป็นนักธุรกิจจากจีน

저는 그가 중국의 사업가라고 생각해요.

태국어로 써 보세요.

8. 교사 ________________________

9. 엔지니어 ________________________

10. 가수 ________________________

นักการเมือง
낙 깐– 므엉 **정치인**

นักการทูต
낙 깐– 툿– **외교관**

นักบิน 낙 빈 **파일럿**

นักธุรกิจ
낙 투라낏 **사업가**

นักบัญชี 낙 반치– **회계사**

พนักงานธนาคาร
파낙응안– 타나–칸– **은행원**

พนักงานขาย
파낙응안– 카–이 **판매원**

เลขานุการ
레–카–누깐– **비서**

นักกวี 낙 까위- **시인**

นักเขียน 낙 키얀 **작가**

นักแปล 낙 쁠래- **번역가**

นักแต่งเพลง 낙 땡- 플렝- **작곡가**

นักดนตรี 낙 돈뜨리- **음악가**

คนสวน 콘 쑤언 **정원사**

คนขับรถ 콘캅롯 **운전기사**

ช่างเสริมสวย 창- 쓰엄-쑤어이 **미용사**

ช่างไม้ 창- 마-이 **목수**

คุณชอบสีอะไรมากที่สุด
무슨 색을 가장 좋아해요?

기본 회화

A หมวกใบนั้นเท่าไหร่ครับ 저 모자는 얼마입니까?
무억 바이 난 타오 라이 크랍

B หกร้อยบาทค่ะ 600바트입니다.
혹 러-이 밧- 카

A ใบนี้ล่ะครับ 이 모자는요?
바이 니- 라 크랍

B ใบนั้นสี่ร้อยห้าสิบบาทค่ะ 그 모자는 450바트입니다.
바이 난 씨- 러-이 하- 씹 밧-카

A คุณมีกี่สีครับ 색이 몇 가지가 있어요?
쿤 미- 까- 씨- 크랍

B มีหลายสีค่ะ 여러 색이 있습니다.
미- 라-이 씨- 카

คุณชอบสีอะไรมากที่สุดคะ 무슨 색을 가장 좋아해요?
쿤 첩- 씨- 아라이 막- 티-쑷 카

A ชอบสีฟ้าที่สุดครับ 하늘색을 가장 좋아합니다.
첩- 씨- 퐈- 티-쑷 크랍

ขอดูใบสีฟ้ากับใบสีดำ 하늘색과 검정색을 보여 주시겠어요?
커- 두- 바이 씨- 퐈- 깝 씨- 담

B นี่ค่ะ 여기 있습니다.
니- 카

A. ผมคิดว่าชอบสีฟ้ามากกว่า **저는 하늘색이 더 좋다고 생각해요.**
폼 킷 와- 첩- 씨- 퐈- 막- 꽈-

เท่าไหร่นะครับ **얼마입니까?**
타오 라이 나 크랍

B. หกร้อยบาทค่ะ **600바트입니다.**
혹 러-이 밧- 카

새 단어

หมวก 무억 모자	ขอ 커- 요구하다
หลาย 라-이 여러	ใบ 바이 개, 장(수량사)
สีฟ้า 씨-퐈- 하늘색	สีดำ 씨-담 검정색
ที่สุด 티-쑷 가장	กว่า 꽈- ~보다도

■ **ใบ** [바이] : 모자를 셀 때 사용하는 수량사입니다.

หมวกใบนั้น   무억 바이 난   저 모자

หมวก 2 ใบ   무억 썽- 바이   모자 두 개

■ **ขอ** [커-] : '~해 주세요' 라는 뜻으로 다른 사람에게 어떤 것을 요구하거나 부탁할 때 사용하는 공손한 표현입니다. 명사 또는 동사와 결합합니다.

ขอดูกระเป๋าหน่อย   커- 두- 끄라 빠오 너이   가방 좀 보여 주세요.

ขอดูกระเป๋าได้ไหม   커- 두- 끄라 빠오 다이 마이   가방을 보여 주실 수 있어요?

ขอน้ำหน่อย   커- 남- 너이   물 좀 주세요.

■ **หลาย** [라-이] : 일반적으로 수량사와 결합하여 복수의 의미를 나타냅니다.

มีหลายสี   미- 라-이 씨-   여러 색이 있습니다.

หลาย ๆ คนอยากไปเที่ยว   라-이 라-이 콘 약- 빠이 티여우
여러 사람이 놀러가고 싶어합니다.

เขาไม่มาหลายวันแล้ว   카오 마이 마- 라-이 완 래-우
그는 여러 날 오지 않았습니다.

ฉันเรียนจากหนังสือภาษาไทยหลายเล่ม
찬 리안 짝- 낭쓰- 파-싸-타이 라-이 렘
저는 여러 권의 태국어 책으로 공부했습니다.

■ **ที่สุด** [티-쑷] : 최상급은 형용사 또는 부사에 ที่สุด을 결합하여 표현합니다.

〈A + 형용사 (부사) + ที่สุด : A는 가장 ~하다〉

นี่อร่อยที่สุด 니- 아러이 티-쑷 이것이 가장 맛있다.

นั่นไม่ใช่อันที่ดีที่สุด 난 마이 차이 안 티- 디- 티-쑷 저것은 가장 좋은 것이 아니다.

อันไหนชอบที่สุด 안 나이 첩- 티-쑷 어느 것이 가장 좋아요?

กระเป๋าใบนี้แพงที่สุดในร้านนี้ 끄라 빠오 바이 니- 팽- 티-쑷 나이 란- 니-
이 가방이 이 가게에서 가장 비싸다.

เขาพูดไทยเก่งที่สุดในห้องของเรา 카오 풋- 타이 껭 티-쑷 나이 헝- 컹- 라오
그는 우리 반에서 태국말을 가장 잘한다.

〈비교급 กว่า 와 부정칭대명사를 사용하여 최상급의 의미를 표현합니다〉
เขาสวยกว่าใครทั้งนั้น 카오 쑤어이 꽈- 크라이 탕 난 그는 그 누구보다도 예쁘다.

■ **กว่า** [꽈-] : 보통 형용사나 부사의 비교급을 표현합니다.

〈A + 형용사 (부사) + กว่า + B : A는 B보다 더 ~ 〉

นี่ดีกว่านั่น 니- 디- 꽈- 난 이것은 저것보다 좋아요.

ผมชอบสีขาวมากกว่าสีดำ 폼 첩- 씨- 카-우 막- 꽈- 씨-담
저는 검정색보다 흰색을 더 좋아합니다.

ห้องดิฉันเล็กกว่าห้องนี้ 헝 디찬 렉 꽈- 헝 니- 저의 방은 이 방보다 작아요.

ฉันอายุมากกว่าเขา 5 ปี 찬 아-유 막- 꽈- 카오 하- 삐-
저는 그보다 나이가 5살 더 많습니다.

〈동사 + (목적어) + ดีกว่า : ~하는 것이 낫다〉

ไปกินข้าวดีกว่า 빠이 낀 카-우 디- 꽈- 식사하러 가는 게 낫다

ไปเที่ยวชายทะเลดีกว่า 빠이 티여우 차-이 탈레- 디- 꽈- 바닷가로 놀러가는 게 낫다

ไม่ไปดีกว่า 마이 빠이 디- 꽈- 가지 않는 게 낫다

■ 형용사의 비교급과 최상급 수식사

	형용사	비교급	최상급
좋다	ดี 디-	ดีกว่า 디- 꽈-	ดีที่สุด 디- 티-쑷
즐겁다	สนุก 싸눅	สนุกกว่า 싸눅 꽈-	สนุกที่สุด 싸눅 티-쑷
쉽다	ง่าย 응아-이	ง่ายกว่า 응아-이 꽈-	ง่ายที่สุด 응-아이 티-쑷
어렵다	ยาก 약-	ยากกว่า 약- 꽈-	ยากที่สุด 약- 티-쑷
맛있다	อร่อย 아러이	อร่อยกว่า 아러이 꽈-	อร่อยที่สุด 아러이 티-쑷
빠르다	เร็ว 레우	เร็วกว่า 레우 꽈-	เร็วที่สุด 레우 티-쑷
느리다	ช้า 차-	ช้ากว่า 차- 꽈-	ช้าที่สุด 차- 티-쑷
춥다	หนาว 나-우	หนาวกว่า 나-우 꽈-	หนาวที่สุด 나-우 티-쑷
덥다	ร้อน 런-	ร้อนกว่า 런- 꽈-	ร้อนที่สุด 런- 티-쑷
비싸다	แพง 팽-	แพงกว่า 팽- 꽈-	แพงที่สุด 팽- 티-쑷
싸다	ถูก 툭-	ถูกกว่า 툭- 꽈-	ถูกที่สุด 툭- 티-쑷
새롭다	ใหม่ 마이	ใหม่กว่า 마이 꽈-	ใหม่ที่สุด 마이 티-쑷
예쁘다	สวย 쑤어이	สวยกว่า 쑤어이 꽈-	สวยที่สุด 쑤어이 티-쑷

| 응용 회화 |

A อันไหนดีกว่าครับ 어떤 게 더 좋은가요?
안 나이 디- 꽈- 크랍

B อันนั้นดีกว่าค่ะ 저것이 더 좋아요.
안 난 디- 꽈- 카

อันนี้ดีที่สุด 이것이 제일 좋아요.
안 니- 디- 티- 쑷

A หนังสือเล่มนี้กับเล่มนั้น เล่มไหนถูกกว่ากัน
낭쓰- 렘 니- 깝 렘 난 렘 나이 툭- 꽈- 깐

이 책과 저 책 중에 어떤 책이 더 싼가요?

B หนังสือเล่มนี้ถูกกว่าค่ะ 이 책이 더 싸요.
낭쓰- 렘 니- 툭- 꽈- 카

หนังสือสองเล่มนี้ราคาเท่ากัน 이 두 책은 가격이 같아요.
낭쓰- 썽- 렘 니- 라-카- 타오 깐

A อันนี้กับอันนั้นเหมือนกัน 이것과 저것은 서로 같아요.
안 니- 깝 안 난 므언 깐

B สองคนนั้นคล้ายกัน 그 두 사람은 닮았어요.
썽- 콘 난 클라-이 깐

📑 새 단어

ดี 디- 좋다	**เท่า** 타오 같다(동등하다)
เล่ม 렘 권(책에 대한 수량사)	**เหมือน** 므언 같다
ถูก 툭- 싸다	**คล้าย** 클라-이 닮다

■ **เท่า** [타오] : 크기나 규격 면에서 서로 같다는 의미입니다.

ลูกชายสองคนนั้นสูงเท่ากัน   룩– 차–이 썽– 콘 난 쑹– 타오 깐

저 두 아들은 키가 같아요.

หนังสือสองเล่มนี้ราคาเท่ากัน   낭쓰– 썽– 렘 니– 라–카– 타오 깐

이 두 책은 가격이 같아요.

■ **เหมือน** [므언] : 모양이나 형상 면에서 서로 같다는 의미입니다.

อันนี้กับอันนั้นเหมือนกัน   안 니– 깝 안 난 므언 깐   이것과 저것은 서로 같아요.

■ **คล้าย** [클라–이] : '닮다', '비슷하다' 는 뜻입니다.

สองคนนั้นคล้ายกัน   썽– 콘 난 클라–이 깐   그 두 사람은 닮았어요.

สองคำนี้ออกเสียงคล้ายกัน   썽– 캄 니– 억– 씨양 클라–이 깐

이 두 단어는 발음이 비슷해요.

■ **수량사**

수량사는 태국어에서 어떠한 명사를 셀 때 또는 표현할 때 필요로 하는 단어입니다. 이를 형태사라고도 합니다. 예를 들어 '물 2잔', '종이 3장'을 말할 때 '잔', '장'과 같은 단어를 수량사라고 지칭합니다.

수량사의 종류

1. **คน**   콘 ⋯⋯ 사람 (사람, 명)
2. **ตัว**   뚜어 ⋯⋯ 동물, 테이블, 의자, 옷, 알파벳 글자, 인형 (마리, 개)
3. **อัน**   안 ⋯⋯ 사탕, 둥근 모양의 물건, 형태가 뚜렷하지 않은 물건 (개)
4. **ใบ**   바이 ⋯⋯ 접시, 가방, 종이, 나뭇잎, 모자 (개, 장, 잎)
5. **แผ่น**   팬 ⋯⋯ 종이, 유리, 레코드 (장)
6. **ลูก**   룩 ⋯⋯ 과일, 산, 공, 둥글게 생긴 물건 (개)
7. **ฉบับ**   차밥 ⋯⋯ 신문, 서류, 편지 (장, 통)
8. **เครื่อง**   크르엉 ⋯⋯ 라디오, TV, 냉장고, 컴퓨터, 기계류 (대)
9. **ลำ**   람 ⋯⋯ 배, 보트, 비행기 (대, 척)
10. **คัน**   칸 ⋯⋯ 자동차, 오토바이, 자전거, 스푼, 포크, 우산 (대, 개)

11. **หลัง**   랑 ⋯▸ 집, 건물 (채, 동)

12. **เล่ม**   렘 ⋯▸ 책, 노트, 잡지, 과도, 바늘 (권, 자루)

13. **ชิ้น**   친 ⋯▸ 빵, 고기, 쿠키의 일부분 (조각, 토막, 점, 쪽)

14. **ชั้น**   찬 ⋯▸ 건물의 층, 기차나 비행기 좌석의 등급 (층, 급)

15. **ห้อง**   헝 ⋯▸ 방 (개, 실)

16. **ดอก**   덕– ⋯▸ 꽃 (송이)

17. **ครั้ง**   크랑 ⋯▸ 회수 (회, 번, 차)

18. **อย่าง**   양– ⋯▸ 물건의 종류 (가지, 종류)

19. **ที่**   티– ⋯▸ 인원수 (~인분, 자리, 좌석)

20. **แก้ว**   깨–우 ⋯▸ 맥주잔, 물컵의 수 (잔, 컵)

21. **ถ้วย**   투어이 ⋯▸ 커피잔, 찻잔, 그릇 (잔, 공기)

22. **ขวด**   쿠엇 ⋯▸ 맥주병, 물병 수 (병)

23. **จาน**   짠– ⋯▸ 음식 접시의 수 (접시)

24. **ก้อน**   껀– ⋯▸ 비누, 돌, 각설탕 (개)

25. **ด้าม**   담– ⋯▸ 펜, 칼 (자루, 대)

26. **แท่ง**   탱 ⋯▸ 연필, 분필 (자루)

27. **เส้น**   쎈 ⋯▸ 실, 목걸이, 팔찌, 길, 머리카락 (줄, 개, 가락)

28. **มวน**   무언 ⋯▸ 담배 (개피)

29. **ม้วน**   무언 ⋯▸ 필름, 종이의 롤 (통, 두루마리)

30. **ดวง**   두엉 ⋯▸ 우표, 별, 달 (장, 개)

31. **เรือน**   르언 ⋯▸ 시계 (개)

32. **ห่อ**   허– ⋯▸ 포장한 물건 (푸대, 자루, 봉지)

33. **ต้น**   똔 ⋯▸ 나무 (포기, 그루, 뿌리)

34. **คู่**   쿠– ⋯▸ 사람 또는 물건의 짝 (쌍, 켤레)

35. **ชุด**   춧 ⋯▸ 물건이나 옷의 세트 (벌, 세트)

36. **เรื่อง**   르엉 ⋯▸ 영화, 연극, 이야기 (건, 편)

37. **สาย**   싸–이 ⋯▸ 도로, 강, 철도, 운하 (선, 줄기)

어떤 명사는 수량사를 1개 이상 가질 수가 있습니다.

กล้วยสองใบ   끌루어이 썽– 바이   바나나 두 개

กล้วยสามลูก   끌루어이 쌈– 룩–   바나나 세 개

수량사의 용법

1. 명사 + 수사 + 수량사

หมาสองตัว　마-썽-뚜어　개 2마리

ฉันมีหมาสองตัว　찬 미-마-썽-뚜어　나는 개 2마리가 있다.

หนังสือสามเล่ม　낭쓰-쌈-렘　책 3권

หนังสือสามเล่มอยู่บนโต๊ะ　낭쓰-쌈-렘 유-본 또　책 3권이 테이블 위에 있다.

2. 명사 + 수량사 + 지시형용사(นี้ / นั้น / โน้น)

กระเป๋าใบนี้　끄라 빠오 바이 니-　이 가방

กระเป๋าใบนี้สวย　끄라 빠오 바이 니-쑤어이　이 가방은 예쁘다.

หนังสือเล่มนั้น　낭쓰-렘 난　저 책

หนังสือเล่มนั้นเท่าไหร่　낭쓰-렘 난 타오 라이　저 책은 얼마입니까?

3. 명사 + 수량사 + 서수

แมวตัวที่หนึ่ง　매-우 뚜어 티-능　첫 번째 고양이

แมวตัวที่สองสีขาว　매-우 뚜어 티-썽-씨-카-우　두 번째 고양이는 흰색이다.

หนังสือเล่มที่สาม　낭쓰-렘 티-쌈-　세 번째 책

หนังสือเล่มที่สามอยู่บนโต๊ะ　낭쓰-렘 티-쌈-유-본 또
세 번째 책은 테이블 위에 있다.

4. 명사 + กี่ + 수량사

เขามีหมากี่ตัว　카오 미-마-끼-뚜어　그는 개가 몇 마리 있습니까?

คุณอ่านหนังสือกี่เล่ม　쿤 안-낭쓰-끼-렘　당신은 책을 몇 권 읽었습니까?

5. 명사 + 수량사 + 형용사

รองเท้าคู่ใหม่　렁-타오 쿠-마이　새 구두

ฉันมีรองเท้าคู่ใหม่　찬 미-렁-타오 쿠-마이　나는 새 구두가 있다.

หนังสือเล่มเก่า　낭쓰-렘 까오　오래된 책

นี่หนังสือเล่มเก่า　니-낭쓰-렘 까오　이것은 오래된 책이다.

6. 명사 + 수량사 + ไหน

รถคันไหน　롯 칸 나이　어떤 자동차

คุณชอบรถคันไหนที่สุด　쿤 첩- 롯 칸 나이 티-쑷
당신은 어떤 자동차를 가장 좋아하나요?

หนังสือเล่มไหน　낭쓰- 렘 나이　어떤 책

หนังสือเล่มไหนของคุณ　낭쓰- 렘 나이 컹- 쿤　어떤 책이 당신의 것입니까?

7. (명사) + หลาย + 수량사

หมาหลายตัว　마- 라-이 뚜어　많은 개들

· หนึ่ง은 주로 구어체에서 เดียว로 대신 사용합니다. เดียว는 수량사 뒤에 오게
 됩니다.

คนเกาหลีหนึ่งคน　콘 까올리- 능 콘　한국인 한 사람
คนเกาหลีคนเดียว　콘 까올리- 콘 디여우　한국인 한 사람

· ที่หนึ่ง은 구어체에서 แรก으로 대신 사용합니다.

หนังสือเล่มที่หนึ่ง　낭쓰- 렘 티-능　첫 번째 책
หนังสือเล่มแรก　낭쓰- 렘 랙-　첫 번째 책

· 문맥에서 명사를 인지하고 있는 경우에는 명사가 종종 생략됩니다.

สี่เล่ม　씨- 렘　책 네 권
เล่มนี้　렘 니-　이 책
เล่มแรก　렘 랙-　첫 번째 책
เล่มเก่า　렘 까오　오래된 책
เล่มไหน　렘 나이　어떤 책
กี่เล่ม　끼- 렘　책 몇 권

밑줄 친 곳에 알맞은 수량사를 넣어 문장을 완성하세요.

1. มีคนสาม __________ อยู่ในห้องเรียน 교실에 3명이 있다.

2. เครื่องบิน __________ นี้มาจากเชียงใหม่

   이 비행기는 치앙마이에서 왔다.

3. เขาซื้อบ้าน __________ ใหม่ 그는 새로운 집을 샀다.

4. ขอน้ำเย็นสาม __________ 냉수 3컵을 주세요.

5. ขอข้าวสอง __________ 밥 2인분 주세요.

6. บ้านฉันมีห้องนอนสาม __________ 저의 집은 침실이 3개 있어요.

7. รถ __________ นี้ทำในเกาหลี 이 차는 한국에서 만들었다.

8. วันนี้กินกล้วยสี่ __________ 오늘 바나나를 4개 먹었다.

9. เขามีคอมพิวเตอร์สอง _________ ทีวี _________ เดียว

   그는 컴퓨터 2대와 텔레비전 1대가 있다.

10. เสื้อ __________ นั้นไม่แพง 저 옷은 비싸지 않다.

11. ฉันอยู่ __________ ที่เก้า 저는 9층에 살아요.

12. เมื่อคืนนี้ดูหนังสอง __________ 어젯밤에 영화 2편을 보았다.

13. แม่น้ำ __________ นี้ยาวมาก 이 강은 매우 길다.

14. เขาสูบบุหรี่วันละสี่ __________ 그는 담배를 하루에 4개피 피운다.

15. ขอข้าวผัดสาม __________ 볶음밥 3접시 주세요.

16. ขอกาแฟร้อนสอง __________ 따뜻한 커피 2잔 주세요.

17. ขอเบียร์ห้า __________ 맥주 5병 주세요.

18. ฉันเคยไปเมืองไทยหก __________

나는 태국에 6번 가 본 적이 있다.

19. ขนมเค้ก __________ นี้อร่อยมาก 이 케이크는 정말 맛있어.

20. กระดาษ __________ นี้บางมาก 이 종이는 너무 얇다.

21. ดอกไม้ __________ นี้สวย 이 꽃은 아름답다.

22. มีอาหารเจ็ด __________ อยู่บนโต๊ะ

7종류의 음식이 테이블 위에 있다.

ใหญ่ ยาย **크다** ↔ เล็ก เร็ก **작다**

กว้าง ꞏꞏꞏꞏ **넓다** ↔ แคบ แคบ- **좁다**

หนัก นัก **무겁다** ↔ เบา บาโอ **가볍다**

หนา นา- **두껍다** ↔ บาง บาง **얇다**

เร็ว เรวุ **빠르다** ↔ ช้า ชา- **느리다**

ไกล ฟลาย **멀다** ↔ ใกล้ ฟลาย **가깝다**

ยาว 야-우 **길다** ↔ สั้น 싼 **짧다**

สูง 쑹- **높다** ↔ เตี้ย 띠야 **(높이가) 낮다**

มาก 막- **많다** ↔ น้อย 너-이 **적다**

ดี 디- **좋다** ↔ ไม่ดี 마이 디- **나쁘다**

สว่าง 싸왕- **밝다** ↔ มืด 믓- **어둡다**

ทำไมคุณเรียนภาษาไทย
당신은 태국어를 왜 배워요?

기본 회화

A ทำไมคุณเรียนภาษาไทยครับ

탐마이 쿤 리안 파–싸–타이 크랍

당신은 태국어를 왜 배워요?

B เพราะว่าฉันชอบเมืองไทยมากค่ะ

프러 와– 찬 첩– 므엉 타이 막– 카

태국을 너무 좋아하기 때문입니다.

A ชอบอยู่เมืองไทยไหมครับ   태국에서 사는 것이 좋으세요?

첩– 유– 므엉 타이 마이 크랍

B ชอบมากค่ะ   너무 좋아요.

첩– 막– 카

ก็อยู่เมืองไทยสบายทุกอย่าง   음, 태국 생활이 너무 편안해요.

꺼– 유– 므엉 타이 싸바–이 툭 양–

คนไทยก็ใจดีด้วย   태국 사람도 친절해요.

콘 타이 꺼– 짜이 디– 두어이

A คุณมีเพื่อนคนไทยไหมครับ   당신은 태국인 친구가 있어요?

쿤 미– 프언 콘 타이 마이 크랍

B มีค่ะ   있어요.

미– 카

새 단어

ทำไม 탐 마이 왜	ก็ 꺼- ~도, ~면
ภาษาไทย 파-싸- 타이 태국어	ทุกอย่าง 툭 양- 모든 것
เพราะว่า 프러 와- 왜냐하면, ~때문에	ใจดี 짜이 디- 친절하다

■ **ทำไม** [탐 마이] : '왜' 라는 의문사입니다. 대답할 때는 **เพราะว่า** [프러 와-] 접속사를 사용합니다.

ทำไมคุณเรียนภาษาไทย   탐마이 쿤 리안 파-싸-타이 당신은 태국어를 왜 배워요?

เพราะว่าฉันชอบคนไทย   프러 와- 찬 첩- 콘 타이 태국 사람을 좋아하기 때문입니다.

ทำไมคุณไม่มาวัดอาทิตย์ที่แล้ว   탐마이 쿤 마이 마- 왓 아-팃 티- 래-우

지난 주에 왜 사원에 안 왔어요?

เพราะว่าไม่ค่อยสบาย   프러 와- 마이 커-이 싸바-이 몸이 안 좋았기 때문입니다.

■ **ก็อยู่เมืองไทยสบายทุกอย่าง** [꺼- 유- 므엉 타이 싸바-이 툭 양-]

'음, 태국에서의 생활이 모든 면에서 편안합니다' 라는 뜻입니다. 여기서 ก็는 말하는 사람이 질문에 뭐라고 말할지 생각을 좀 할 때 종종 사용합니다.

ก็ : ' ~면' 의 뜻도 있습니다.

ถ้าคุณมีเวลาว่างก็เชิญไปด้วย   타- 쿤 미- 웰-라- 왕- 꺼- 츠언- 빠이 두어이

시간이 있으면 같이 가요.

■ **คนไทยก็ใจดีด้วย** [콘 타이 꺼- 짜이 디- 두어이] : 여기서 ก็는 '〜도 또한' 의 뜻
입니다.

คนไทยก็ใจกว้างด้วย 콘 타이 꺼- 짜이 꽝- 두어이
태국 사람은 마음이 넓기도 합니다.

คนไทยก็ดีด้วย 콘 타이 꺼- 디- 두어이 태국 사람이 좋기도 합니다.

คนไทยก็น่าสนใจด้วย 콘 타이 꺼- 나- 쏜짜이 두어이
태국 사람은 흥미롭기도 합니다.

■ **ใจดี** [짜이 디-] : ใจ '마음' 과 ดี '좋다' 가 결합하여 '친절하다' 는 의미가 됩니다.

ใจร้าย 짜이 라-이 사악하다

ใจใหญ่ 짜이 야이 도량이 넓다

ใจเย็น 짜이 옌 냉정하다, 침착하다

ใจง่าย 짜이 응아-이 쉽게 믿다, 귀가 얇다

ใจร้อน 짜이 런- 성급하다

ใจอ่อน 짜이 언- 마음이 약하다, 온순하다

ใจสูง 짜이 쑹- 고고하다, 고상하다

ใจลอย 짜이 러-이 들뜨다, 멍(청)하다

ใจแคบ 짜이 캡- 마음이 좁다, 인색하다

ใจจืด 짜이 쯧- 냉담하다, 인정 없다

응용 회화

A ทานอาหารไทยเป็นไหมคะ
탄– 아–한–타이 뻰 마이 카
당신은 태국 음식을 먹는 데 익숙합니까?

B เป็นครับ อร่อยมาก   네. 아주 맛있어요.
뻰 크랍   아러이 막–

A ทานบ่อยหรือเปล่าคะ   자주 먹습니까?
탄– 버이 르– 쁠라오 카

B เปล่าครับ นาน ๆ ทานที   아닙니다. 가끔 먹어요.
쁠라오 크랍   난 난– 탄– 티–

A อ้าว ทำไมล่ะคะ   어머! 왜요?
아–우   탐마이 라 카

B ทานบ่อยไม่ไหวครับ   자주 못 먹겠어요.
탄– 버이 마이 와이 크랍

เผ็ดมาก   너무 매워요.
펫 막–

บ่อย 버이 종종	ไหว 와이 ~이 가능하다
อ้าว 아–우 어머, 그래?	เผ็ด 펫 맵다

■ **ทานอาหารไทยเป็นไหม** [탄- 아-한-타이 뻰 마이] : '태국 음식을 먹을 줄 아니?' 라는 뜻입니다. 그러나 실제 의미는 '태국 음식을 먹는 데 익숙하니?' 로 쓰입니다.

■ **นาน ๆ ทานที** [난 난- 탄- 티-] : '이따금 먹는다' 의 뜻입니다.

■ **อ้าว** [아-우] : '어머, 그래?' 의 뜻으로, 형세의 돌변을 인지했을 때 사용하는 감탄사입니다.

■ **ไหว** [와이] : '(육체적, 정신적으로 힘들지만) ~할 수 있다', '~이 가능하다' 는 의미의 조동사 입니다.

ขับรถไหว 칸 롯 와이 (육체적, 정신적으로) 운전할 수 있다.
ขับรถไม่ไหว 칸 롯 마이 와이 (육체적, 정신적으로) 운전할 수 없다.

■ **รสชาติ** [롯 찻-] : 맛

เผ็ด 펫 맵다
เค็ม 켐 짜다
หวาน 완- 달다
เปรี้ยว 쁘리야우 시다
จืด 쯧- 싱겁다
ขม 콤 쓰다

다음 질문에 알맞은 대답을 넣어 대화를 완성하세요.

1. A: ทำไมคุณเรียนภาษาไทย

   B: _____________________________ 태국을 너무 좋아하기 때문입니다.

2. A: ชอบอยู่เมืองไทยไหม

   B: _____________________________ 너무 좋아요.

태국어로 써 보세요.

3. 친절하다　_____________________________

4. 맵다　_____________________________

5. 왜　_____________________________

다음 문장을 해석하세요.

6. ก็อยู่เมืองไทยสบายทุกอย่าง _____________________________

7. ทานอาหารไทยเป็นไหม _____________________________

8. ทานบ่อยไม่ไหว _____________________________

9. นาน ๆ ทานที _____________________________

10. คุณมีเพื่อนคนไทยไหม _____________________________

정답

1. เพราะว่าฉันชอบเมืองไทยมาก　　2. ชอบมาก　　3. ใจดี　　4. เผ็ด　　5. ทำไม

6. 음, 태국 생활이 너무 편안해요.　　7. 당신은 태국 음식을 먹는 데 익숙합니까?

8. 자주 못 먹겠어요.　　9. 가끔 먹어요.　　10. 태국인 친구가 있어요?

ดีใจ ดี– ใจ **기쁘다** ↔ เศร้า ซาโอ **슬프다**

ชนะ ชานะ **이기다** ↔ แพ้ แพ– **패하다**

เปิด เปิ้ด– **열다** ↔ ปิด ปิ้ด **닫다**

ซื้อ ซื้– **사다** ↔ ขาย คา–อี **팔다**

ขึ้น คึ้น **오르다** ↔ ลง ลง **내리다**

สะอาด ซะอาด– **깨끗하다** ↔ สกปรก ซกกะปรก **더럽다**

ยาก 약- **어렵다** ↔ **ง่าย** 응아-이 **쉽다**

ผอม 펌- ↔ **อ้วน** 우언

날씬하다　　뚱뚱하다

แพง 팽- **비싸다** ↔ **ถูก** 툭- **싸다**

รวย 루어이 ↔ **ยากจน** 약-쫀

부유하다　　가난하다

แห้ง 행- **마르다** ↔ **เปียก** 삐약 **젖다**

ขยัน 카얀 ↔ **ขี้เกียจ** 키-끼얏

부지런하다　　게으르다

อากาศเป็นยังไงบ้าง
날씨가 어때요?

기본 회화

A อากาศเมืองไทยเป็นยังไงบ้างครับ
아-깟- 므엉 타이 뺀 양 응아이 방- 크랍
태국 날씨는 어떤가요?

B ร้อนมากสำหรับฉันค่ะ　저에게는 너무 더워요.
런- 막- 쌈랍 찬 카

A ยังไม่ชินอีกหรือครับ　아직 익숙하지 않은가요?
양 마이 친 익- 르- 크랍

B ยังค่ะ　아직요.
양 카

ฉันคงไม่มีวันชิน　저는 아마 익숙하지 못할 거예요.
찬 콩 마이 미- 완 친

A ทำไมล่ะครับ　왜요?
탐 마이 라 크랍

B หน้าหนาวฉันยังร้อนเลยค่ะ　겨울도 저는 더워요.
나- 나우 찬 양 런- 르어이 카

217

새 단어

อากาศ 아-깟- 날씨	คง 콩 아마
บ้าง 방- 좀, 약간	ชิน 친 익숙해지다
ร้อน 런- 덥다	หน้าหนาว 나- 나-우 겨울
สำหรับ 쌈랍 ~용의, ~을 위한	เลย 르어이 전혀, 절대로
อีก 익- 다시, 더	

■ **เป็นยังไงบ้าง** [뻰 양 응아이 방-] : '어떠세요?' 라는 뜻으로, 근황이나 상황을 물어보는 표현입니다.

เป็นยังไงบ้าง　뻰 양 응아이 방-　어떻게 지내세요?

อากาศเป็นยังไงบ้าง　아-깟- 뻰 양 응아이 방-　날씨가 어때요?

สุขภาพเป็นยังไงบ้าง　쑥카팝- 뻰 양 응아이 방-　건강은 좀 어떠세요?

■ **สำหรับ** [쌈랍] : '~용의', '~에게는' 의 뜻을 가진 전치사입니다.

หนังสือเล่มนี้ยากเกินไปสำหรับเด็ก　낭쓰- 렘 니- 약- 끄언 빠이 쌈랍 덱
이 책은 어린이에게 너무 어렵다.

มีดเล่มนี้ใช้สำหรับปอกผลไม้　밋- 렘 니- 차이 쌈랍 뻑- 폰라마-이
이 칼은 과일은 깎는 용으로 사용한다.

■ **ยังไม่ชินอีกหรือครับ** [양 마이 친 익- 르-] : ยัง [양]이 อีก [익]을 강조하고 있습니다. '아직까지도 익숙치 않나요?' 의 의미가 됩니다.

■ **คง** [콩] : '아마' 또는 '대개' 의 뜻으로 추측의 의미를 나타내는 조동사입니다. 마찬가지로 아직 일어나지 않은 사건에 대해 가능성이 50% 이상인 **อาจจะ** [앗-짜] 는 '아마 ∼일 것이다' 또는 '∼인지도 모른다' 의 의미입니다.

เขาคงไม่มา 카오 콩 마이 마- 그는 아마 안 올 것이다.

เขาคงเหนื่อยมาก 카오 콩 느어이 막- 그는 아마 많이 피곤할 거야.

เขาคงจะดีใจมาก 카오 콩 짜 디- 짜이 막- 그는 아마 많이 기뻐할 거야.

■ **ไม่มีวัน** [마이 미- 완] : 여기서는 '앞으로 절대 ∼ 않다' 의 의미를 나타냅니다.

ฉันคงไม่มีวันชิน 찬 콩 마이 미- 완 친 저는 아마도 앞으로도 익숙하지 못할 거예요.

■ **เลย** [르어이] : '전혀' 의 의미를 나타내는 어조사로, 동사를 강조하는 역할을 합니다.

■ **ฤดู** [르두-], **หน้า** [나-] : 계절

ฤดูใบไม้ผลิ 르두- 바이 마-이 플리 봄

ฤดูร้อน 르두- 런-, **หน้าร้อน** 나- 런- 여름

ฤดูใบไม้ร่วง 르두- 바이 마-이 루엉 가을

ฤดูหนาว 르두- 나-우, **หน้าหนาว** 나- 나-우 겨울

ฤดูฝน 르두- 펀, **หน้าฝน** 나- 펀 우기

응용 회화

A ในปีหนึ่งเดือนไหนร้อนที่สุดคะ

나이 삐- 능 드언 나이 런- 티-쑷 카

1년 중 어느 달이 가장 더워요?

B เดือนเมษายนร้อนที่สุดครับ   4월이 가장 더워요.

드언 메-싸-욘 런- 티-쑷 크랍

A อุณหภูมิสูงขึ้นถึงเท่าไรคะ   온도가 얼마나 올라가요?

운하품- 쑹- 큰 틍 타오 라이 카

B สูงขึ้นถึงเกือบ 40 กว่าองศาครับ   거의 40도 이상까지 올라가요.

쑹- 큰 틍 끄업 씨-씹 꽈- 옹싸- 크랍

A งั้นอากาศหน้าหนาวของเมืองไทยเป็นยังไงบ้างคะ

응안 아-깟- 나- 나우 컹- 므엉 타이 뻰 양 응아이 방- 카

그러면 태국의 겨울 날씨는 어때요?

B คล้ายกับฤดูใบไม้ผลิหรือฤดูใบไม้ร่วงของเกาหลีครับ

클라-이 깝 르두- 바이 마-이 플리 르- 르두- 바이 마-이 루엉 컹- 까올리- 크랍

한국의 봄이나 가을과 비슷해요.

แต่บางครั้งอุณหภูมิลดลงไปถึง 5 องศาครับ

때- 방- 크랑 운하품- 롯 롱 빠이 틍 하- 옹싸- 크랍

하지만 어떤 때는 온도가 5도까지 내려가요.

A ในฤดูฝนมีฝนตกทุกวันไหมคะ

나이 르두-퐌 미- 퐌 똑 툭 완 마이 카

우기에는 비가 매일 오나요?

B มีฝนตกเกือบทุกวันครับ   비가 거의 매일 내려요.

미- 퐌 똑 끄업 툭 완 크랍

새 단어

อุณหภูมิ 운하품– 온도	ลดลง 롯롱 내려가다
สูงขึ้น 쑹–큰 높아지다, 올라가다	ฝน 풘 비
องศา 옹싸– 도	ตก 똑 떨어지다
บางครั้ง 방–크랑 어떤 때	

■ **ขึ้น** [큰] : '오르다'의 뜻입니다. 부동사로 쓰일 때는 방향동사를 나타내거나, 부피와 속도의 증가 등을 표현합니다.

ขึ้นรถเมล์　큰 롯메–　버스를 타다

อุณหภูมิสูงขึ้น　운하품–쑹–큰　온도가 올라가다

อ้วนขึ้น　우언 큰　뚱뚱해지다

สวยขึ้น　쑤어이 큰　예뻐지다

น้ำหนักมากขึ้น　남 낙 막–큰　몸무게가 늘어났다

ภาษาอังกฤษดีขึ้น　파–싸– 앙끄릿 디–큰　영어가 좋아졌다

■ **ลง** [롱] : '내리다'의 뜻입니다. 부동사로 쓰일 때는 방향동사를 나타내거나, 부피와 속도의 감소 등을 표현합니다.

ลงรถ　롱 롯　차에서 내리다

อุณหภูมิลดลง　운하품–롯 롱　온도가 내려가다

ผอมลง　펌–롱　날씬해졌다

อากาศหนาวลง　아–깟– 나–우 롱　날씨가 추워졌다

💬 다음 질문에 알맞은 대답을 넣어 대화를 완성하세요.

1. A: อากาศเมืองไทยเป็นยังไงบ้าง

   B: ____________________________ 저에게는 너무 더워요.

2. A: ในปีหนึ่งเดือนไหนร้อนที่สุด

   B: ____________________________ 4월이 가장 더워요.

💬 태국어로 써 보세요.

3. 여름 ____________________________

4. 겨울 ____________________________

5. 우기 ____________________________

💬 다음 문장을 해석하세요.

6. ยังไม่ชินอีกหรือ ____________________________

7. อุณหภูมิสูงขึ้นถึงเท่าไร ____________________________

8. คล้ายกับฤดูใบไม้ร่วงของเกาหลี ____________________________

9. สูงขึ้นถึงเกือบ 40 กว่าองศา ____________________________

10. ฝนตกหนักทุกทีหรือ ____________________________

정답

1. ร้อนมากสำหรับฉัน 2. เดือนเมษายนร้อนที่สุด 3. หน้าร้อน 4. หน้าหนาว 5. หน้าฝน

6. 아직 익숙하지 않은가요? 7. 온도가 얼마나 올라가요? 8. 한국의 가을과 비슷해요.

9. 거의 40도 이상까지 올라가요. 10. 비가 매번 세차게 내리나요?

ภูเขา ภู- คาโอ **산**

ป่าไม้ ป้า- มา-อี **숲**

ทุ่งหญ้า ทุง ย่า- **초원**

แม่น้ำ แม-นัม **강**

ทะเลสาบ ทัลเล- ซัป- **호수**

หุบเขา ฮุบ คาโอ **계곡**

ลำธาร ลัมทัน- **개울**

น้ำตก นัม ตก **폭포**

ถ้ำ 탐 **동굴**

ก้อนหิน 껀- 힌 **바위**

เนิน 느언- **언덕**

เนินลาด 느언- 랏- **비탈**

หน้าผา 나- 파- **절벽**

ภูเขาไฟ
푸-카오 퐈이 **화산**

ทะเลทราย
탈레- 싸-이 **사막**

เกาะ 꺼 **섬**

ขอส้มตำจานหนึ่ง
쏨땀 하나 주세요.

기본 회화

A กี่ที่ครับ 몇 분인가요?
까-티- 크랍

B 3 ที่ค่ะ 세 사람입니다.
쌈- 티- 카

A ทานอะไรดีครับ 무엇으로 드시겠습니까?
탄- 아라이 디- 크랍

B ข้าวผัดปู 2 จาน 게 볶음밥 두 개 주세요.
카-우 팟 뿌- 썽- 짠-

ไม่ใส่ผงชูรส 화학조미료를 넣지 마세요.
마이 싸이 퐁추-롯

ผัดไทยกุ้งสด 1 จานค่ะ 팟타이 꿍쏫 하나 주세요.
팟타이 꿍 쏫 능 짠- 카

A รับอะไรเพิ่มไหมครับ 더 하시겠어요?
랍 아라이 프엄- 마이 크랍

B ขอส้มตำไม่เผ็ดหนึ่งจานค่ะ 쏨땀 맵지 않게 하나 주세요.
커- 쏨땀 마이 펫 능 짠- 카

A น้ำอะไรดีครับ 음료는 무엇으로 하시겠습니까?
남 아라이 디- 크랍

B น้ำมะนาวค่ะ 레모네이드 주세요.
남 마나-우 카

กาแฟเย็นค่ะ 아이스커피 주세요.
까-풰- 옌 카

🔖 새 단어

ที่ 티- ~(인)분		สด 쏫 신선하다	
ข้าวผัด 카-우 팟 볶음밥		รับ 랍 받다, 들다	
ปู 뿌- 게		เพิ่ม 프엄- 첨가하다	
ใส่ 싸이 넣다		ขอ 커- ~주세요, 요구하다	
ผงชูรส 퐁추-롯 화학조미료		ส้มตำ 쏨땀 파파야 샐러드	
ผัดไทย 팟 타이 볶음국수		น้ำมะนาว 남 마나-우 레모네이드	
กุ้ง 꿍 새우		กาแฟเย็น 까-퐤- 옌 아이스커피	

■ **ที่** [티-] : 여기서는 '~(인)분'을 뜻하는 수량사입니다.

กาแฟสองที่　까-퐤- 썽- 티-　커피 두 잔

กี่ที่　끼-티-　몇 분인가요?

3 ที่　쌈- 티-　세 사람입니다.

■ **รับอะไร** [랍 아라이] : '무엇을 하시겠어요?', '무엇을 드시겠어요?'의 의미로, 음식점에서 종업원이 주문을 받을 때 사용하는 표현입니다.

รับอะไรดี　랍 아라이 디-　무엇을 드시겠어요?

รับอะไรเพิ่มไหม　랍 아라이 프엄- 마이　더 하시겠어요?

สั่งอะไรดี　쌍 아라이 디-　무엇을 주문하시겠어요?

สั่งอะไรเพิ่มไหม　쌍 아라이 프엄- 마이　더 주문하시겠어요?

ทานอะไรดี　탄- 아라이 디-　무엇을 드시겠어요?

ทานอะไรเพิ่มไหม　탄- 아라이 프엄- 마이　더 드시겠어요?

■ **ขอ** [커-] : 남에게 요구하거나 부탁할 때 사용하는 표현입니다. 여기서는 '~해 주세요'라는 뜻입니다.

ขอส้มตำสองจาน　커- 쏨땀 썽- 짠-　쏨땀 두 개 주세요.

ขอข้าวต้มสองชาม　커- 카-우 똠 썽- 참-　죽 두 그릇 주세요.

응용 회화

A วันหนึ่งคุณทานข้าวกี่ครั้งครับ

완 능 쿤 탄- 카-우 끼- 크랑 크랍

당신은 하루에 밥을 몇 끼 드세요?

B ฉันทานวันละครั้งค่ะ　저는 하루에 한 끼 먹습니다.

찬 탄- 완 라 크랑 카

A คุณไม่หิวหรือครับ　배고프지 않나요?

쿤 마이 히우 르- 크랍

B แน่นอน ไม่หิว　그럼요. 배고프지 않아요.

내-넌- 마이 히우

ทานขนมปังและมันฝรั่งแทนข้าวค่ะ

탄- 카놈빵 래 만퐈랑 탠- 카-우 카

밥 대신 빵과 감자를 먹어요.

A คุณทานอะไรเป็นอาหารเช้าครับ　아침 식사로 무엇을 드세요?

쿤 탄- 아라이 뻰 아-한- 차-오 크랍

B ฉันเพียงแต่ดื่มนมสดหนึ่งแก้วค่ะ　저는 우유 한 컵만 마셔요.

찬 피양 때- 듬- 놈쏫 능 깨-우 카

A และอาหารเที่ยงล่ะครับ　그리고 점심은요?

래 아-한- 티양 라 크랍

B ฉันทานขนมปังสามแผ่นไก่อบ

찬 탄- 카놈빵 쌈- 팬- 까이 옵

สลัดมันทอดและโค้กใส่น้ำแข็งค่ะ

쌀랏 만텃- 래 콕- 싸이 남캥 카

저는 빵 3장, 구운 닭고기, 샐러드, 프렌치프라이와 얼음 넣은 콜라를 먹어요.

📑 새 단어

หิว 히우 **배고프다**	อาหารเที่ยง 아-한 티양 **점심 식사**
แน่นอน 내-넌- **물론, 당연히**	ไก่อบ 까이 옵 **구운 닭고기**
ขนมปัง 카놈 빵 **빵**	สลัด 쌀랏 **샐러드**
มันฝรั่ง 만 퐈랑 **감자**	มันทอด 만 텃- **프렌치프라이**
แทน 탠- **대신에**	โค้ก 콕- **콜라**
เพียงแต่ 피양 때- **단지, ~뿐**	น้ำแข็ง 남 캥 **얼음**

■ **เป็น** [뻰] : 전치사로 기능을 할 때는 '~로' 의 의미로 쓰입니다.

คุณทานอะไรเป็นอาหารเช้า　쿤 탄- 아라이 뻰 아-한- 차-오
아침 식사로 무엇을 드세요?

เขียนจดหมายเป็นภาษาไทย　키얀 쫏 마-이 뻰 파-싸-타이　태국어로 편지를 써요.

คุณต้องการอะไรเป็นของหวาน　쿤 떵-깐- 아라이 뻰 컹-완-
후식으로 무엇을 원하세요?

■ **วันละ** [완 라] : '하루에' 의 의미입니다.

คุณแปรงฟันวันละกี่ครั้ง　쿤 쁘랭- 퐌 완 라 끼- 크랑　하루에 몇 번 양치해요?

ฉันแปรงฟันวันละสี่ครั้ง　찬 쁘랭- 퐌 완 라 씨- 크랑　하루에 네 번 양치해요.

คุณทานข้าววันละกี่ครั้ง　쿤 탄- 카-우 완 라 끼- 크랑　하루에 몇 번 식사해요?

ฉันทานข้าววันละสามครั้ง　찬 탄- 카-우 완 라 쌈- 크랑　하루에 세 번 식사해요.

■ **ใส่** [싸이] : '넣다', '입다', '신다', '쓰다', '싣다' 의 의미로 쓰입니다.

ใส่น้ำแข็ง 싸이 남캥 얼음을 넣다

ใส่เสื้อ 싸이 쓰어 옷을 입다

ใส่รองเท้า 싸이 렁-타오 구두를 신다

ใส่หมวก 싸이 무억 모자를 쓰다

เอาของใส่รถ 아오 컹- 싸이 롯 차에 물건을 싣다

■ 음식 조리 방법을 나타내는 동사

ผัด 팟 볶다	ปิ้ง 삥 굽다(꼬치)	ต้ม 똠 끓이다
ย่าง 양- 굽다(바비큐)	ทอด 텃- 튀기다	นึ่ง 능 (물을 넣고) 찌다
อบ 옵 (물 없이) 찌다	หุง 훙 (밥을) 짓다	ลวก 루억 데치다
ตุ๋น 뚠 고다	ยำ 얌 무치다	ตำ 땀 찧다

다음 질문에 알맞은 대답을 넣어 대화를 완성하세요.

1. A: รับอะไรเพิ่มไหม

   B: _______________________________ 쏨땀 맵지 않게 하나 주세요.

2. A: น้ำอะไรดี

   B: _______________________________ 아이스커피 주세요.

태국어로 써 보세요.

3. 조미료   _______________________________

4. 얼음   _______________________________

5. 감자   _______________________________

다음 문장을 해석하세요.

6. ฉันทานวันละครั้ง _______________________________

7. ฉันต้องการโค้กใส่น้ำแข็ง _______________________________

8. ฉันเพียงแต่ดื่มนมสดหนึ่งแก้ว _______________________________

9. วันหนึ่งคุณทานข้าวกี่ครั้ง _______________________________

10. คุณทานอะไรเป็นอาหารเช้า _______________________________

กีฬา 낄-라- 운동

ฟุตบอล

풋 번- **축구**

บาสเกตบอล

밧- 껫- 번- **농구**

เทนนิส

텐- 닛 **테니스**

แบดมินตัน

뱃- 민 딴 **배드민턴**

โบว์ลิ่ง

볼- 링 **볼링**

ปิงปอง

삥 삥- **탁구**

บิลเลียด

빈 리얏 **당구**

กอล์ฟ

껍- **골프**

สกี

싸끼- **스키**

สเกต

싸껫- **스케이팅**

โยคะ

요-카 **요가**

แอโรบิค

애- 로- 빅 **에어로빅**

ฟิตเนส

핏넷- **헬스**

ปีนเขา

삔- 카오 **등산하다**

ว่ายน้ำ

와-이 남- **수영하다**

มวยไทย

무어이 타이 **킥복싱**

รถติดเป็นบ้าเลย
교통 체증이 심해요.

기본 회화

A ขอโทษที่มาสายครับ 늦게 와서 죄송합니다.
커–톳– 티– 마– 싸–이 크랍

รถติดเป็นบ้าเลย 교통 체증이 심해요.
롯 띳 뻰 바– 르어이

B ไม่เป็นไร 괜찮아.
마이 뻰 라이

ฉันก็เพิ่งมาถึงเหมือนกัน 나도 방금 도착했어.
찬 꺼– 프엉– 마– 틍 므언 깐

A รถติดเหมือนกันหรือครับ 당신도 차가 많이 막혔나요?
롯 띳 므언 깐 르– 크랍

B ฮือ ติดตั้งครึ่งชั่วโมงที่ราชเทวี
흐– 띳 땅 크릉 추어 몽– 티– 랏–테–위–

응, 랏테위에서 30분이나 꼼짝달싹 못했어.

A ยังดีครับ 운이 좋네요.
양 디– 크랍

ผมติดเกือบชั่วโมงแน่ะ 저는 거의 한 시간 막혔어요.
폼 띳 끄업 추어 몽–내

새 단어

สาย 싸-이 늦다	เหมือนกัน 므언 깐 마찬가지로, ~도 (또한)
รถติด 롯 띳 차가 막히다	ตั้ง 땅 ~이나
บ้า 바- 미친, 이상한	ฮือ 흐- 응(동의나 허가를 나타내는 소리)
ถึง 틍 도착하다	แน่ะ 내 강조를 나타내는 어조사

■ **ขอโทษที่มาสาย** [커-톳- 티- 마- 싸-이] : 여기서 ที่는 '~해서', '~한데 대해서' 의 의미를 나타냅니다.

ยินดีที่ได้รู้จัก   인디- 티- 다이 루-짝   알게 되어 반갑습니다.

ดีใจที่เขามา   디- 짜이 티- 카오 마-   그가 와서 기쁩니다.

■ **รถติดเป็นบ้า** [롯 띳 뻰 바-] : '차가 몹시 막힌다' 의 뜻으로, 교통체증이 심함을 의미 합니다.

■ **ตั้ง** [땅] : '~이나' 의 의미로, 보통 구어체에서 사용됩니다. 문어체에서는 ถึง [틍]으로 표현 합니다.

เขารอคุณตั้งสองชั่วโมง   카오 러- 쿤 땅 썽- 추어 몽-
그는 당신을 두 시간이나 기다렸어요.

มีคนกลับบ้านตั้งสิบคน   미- 콘 끌랍 반- 땅 씹 콘   열 명이나 집에 갔어요.

■ **ยังดี** [양 디-] : '여전히 좋다' 는 뜻으로, 문맥상 '운이 좋다' 는 의미를 나타냅니다.

응용 회화

A ทำไมรถแน่นอย่างนี้ 　왜 이렇게 차가 붐비지?
탐 마이 롯 낸- 양- 니-

B เวลาคนไปทำงาน 　출근 시간이야.
웰-라- 콘 빠이 탐 응안-

A โอ้โฮ ดูควันดำนั่นซิ 　오! 검은 연기 봐.
오-호- 두-콴- 담 난 씨

B นี่แหละ ที่ทำให้อากาศเสีย 　바로 이것이 공기를 오염시키는 거야.
니- 래 티- 탐 하이 아-깟- 씨야

A ทำไมตำรวจไม่ทำอะไร 　경찰은 왜 무엇인가를 하지 않지?
탐마이 땀 루엇 마이 탐 아라이

B นั่นน่ะซิ 　맞아.
난 나 씨

📑 새 단어

แน่น 낸- 붐비다	ทำให้ 탐 하이 ~시키다, ~하게 하다
โอ้โฮ 오-호- 오!	อากาศ 아-깟- 공기
ควัน 콴 연기	เสีย 씨야 나빠지다
นี่แหละ 니- 래 바로 ~이다	ตำรวจ 땀 루엇 경찰

■ **ทำให้** [탐 하이] : ~시키다, ~하게 하다

ทำให้อากาศเสีย 탐 하이 아-깟- 씨야 공기를 오염시킨다.

อากาศเมื่อวานนี้ทำให้เราเป็นหวัด 아-깟- 므어 완- 니- 탐 하이 라오 뺀 왓
어제 날씨는 우리를 감기 걸리게 하였다.

■ **어조사는 문장 끝에 오면서 화자의 감정을 나타냅니다.**

นั่งซิ 낭 씨 앉아. (명령)

ทานข้าวเถอะ 탄- 카-우 트어 식사하시죠. (청유)

ช่วยฉันหน่อยน่า 추어이 찬 너이 나- 나 좀 도와줘. (애원)

มีอะไรหรือจ๊ะ 미- 아라이 르- 짜 무슨 일 있니? (친근감)

อากาศร้อนนะ 아-깟- 런- 나 날씨가 덥죠? (의사 표시)

■ **감탄사**

โอ้โฮ 오-호- 오! (보통 때와 달라서 놀랐을 때)

อ้าว 아-우 어머! (의외일 때)

อุ๊ยตาย 우이 따-이 아이구! (놀랐을 때)

อุ๊ย 우이 어머! 아이구! (놀라거나 아플 때)

โอ 오- 아아! (만족감 내지는 기이함을 나타낼 때)

อ้อ 어- 어! (생각나거나 이해했을 때)

แหม 매- 어머! (이상하거나 의아할 때)

다음 질문에 알맞은 대답을 넣어 대화를 완성하세요.

1. A: ขอโทษที่มาสาย

   B: ไม่เป็นไร ___________________ 나도 방금 도착했어.

2. A: ทำไมรถแน่นอย่างนี้

   B: ___________________ 출근 시간이야.

태국어로 써 보세요.

3. 늦다 ______________________________

4. 붐비다 ______________________________

5. 경찰 ______________________________

다음 문장을 해석하세요.

6. รถติดเหมือนกันหรือ ______________________

7. ผมติดเกือบชั่วโมงแน่ะ ______________________

8. ดูควันดำนั่นซิ ______________________

9. นี่แหละ ที่ทำให้อากาศเสีย ______________________

10. ทำไมตำรวจไม่ทำอะไร ______________________

โรงเรียน

롱- 리안 **학교**

หอสมุด

허- 싸뭇 **도서관**

อพาร์ทเม้นท์

아팟-멘 **아파트**

ห้างสรรพสินค้า

항- 쌉파씬카- **백화점**

ธนาคาร

타나-칸 **은행**

โรงหนัง

롱- 낭- **영화관**

สถานีรถไฟ

싸타-니- 롯 퐈이 **기차역**

ที่ทำการไปรษณีย์

티- 탐 깐- 쁘라이싸니- **우체국**

สถานีตำรวจ
싸타-니- 땀 루엇 **경찰서**

โรงพยาบาล
롱- 파야-반 **병원**

ร้านขายยา
란- 카-이 야- **약국**

พิพิธภัณฑ์
피피타판 **박물관**

ร้าน 란- **가게**

ตลาด 딸랏- **시장**

โบสถ์ 봇- **교회**

วัด 왓 **사원**

ช่วยหยิบเสื้อเชิ้ตให้ผมดูหน่อย
셔츠 좀 보여 주시겠어요?

기본 회화

A คุณต้องการซื้ออะไรคะ 　무엇을 사시겠습니까?
쿤 떵-깐- 쓰- 아라이 카

B ช่วยหยิบเสื้อเชิ้ตให้ผมดูหน่อยครับ
추어이 입 쓰어 츠엇- 하이 폼 두- 너이 크랍
셔츠 좀 보여 주시겠어요?

A คุณใส่เบอร์อะไรคะ 　사이즈 몇 입으세요?
쿤 싸이 브어- 아라이 카

B เบอร์ขนาดกลางครับ 　중간 사이즈입니다.
브어- 카낫- 끌랑- 크랍

A นี่ค่ะ ดูแล้วเหมาะกับคุณค่ะ 　여기 있어요. 보니 당신에게 어울려요.
니- 카　두- 래-우 머 깝 쿤 카

B มันดูดี ราคาเท่าไรครับ 　좋아 보이네요. 얼마입니까?
만 두- 디- 라-카- 타오 라이 크랍

A ราคาเจ็ดร้อยบาทค่ะ 　700바트입니다.
라-카- 쩻 러-이 밧- 카

B ช่วยห่อให้ด้วยครับ 　포장도 해 주세요.
추어이 허- 하이 두어이 크랍

A คุณต้องจ่ายเพิ่มอีกยี่สิบบาทค่ะ
쿤 떵- 짜-이 프엄- 익- 이-씹 밧- 카
추가로 20바트를 더 지불해야 합니다.

B ไม่เป็นไร นี่ครับ เงิน 　괜찮습니다. 돈 여기 있습니다.
마이 뻰 라이　니- 크랍 응언-

241

새 단어

หยิบ 입 집다	เหมาะ 머 어울리다
เสื้อเชิ้ต 쓰어 츠엇- 셔츠	เจ็ดร้อย 쩻 러-이 700
เบอร์ 브어- 번호	ห่อ 허- 포장하다
กลาง 끌랑- 중간	จ่าย 짜-이 지불하다

■ **คุณต้องการอะไร** [쿤 떵-깐- 아라이] : 가게나 관공서에서 고객에게 '무엇을 찾으세요?', '무엇을 하시려구요?' 의 의미로 묻는 표현입니다.

คุณต้องการซื้ออะไร 쿤 떵-깐- 쓰- 아라이   무엇을 사시려구요?

■ **ช่วย** [추어이] **⋯หน่อย** [너이] : 상대방에게 뭔가를 해 달라고 부탁할 때 사용하는 표현입니다. 문장 끝에 **ได้ไหม** [다이 마이]가 오면 양해를 구하는 대표적인 표현이 됩니다. **กรุณา** [까루나-]를 문장 앞에 사용하면 정중한 표현이 됩니다.

〈 ช่วย + 동사 (+목적어) + หน่อย 〉
ช่วยถ่ายรูปให้หน่อย   추어이 타-이 룹- 하이 너이   사진을 좀 찍어주시겠어요?

〈 ช่วย + 동사 (+목적어) + ได้ไหม 〉
ช่วยพูดอีกครั้งได้ไหม   추어이 풋- 익- 크랑 다이 마이
다시 한 번 말씀해 줄 수 있으세요?

〈 กรุณา + 동사 (+목적어) 〉
กรุณาอธิบายง่าย ๆ ให้ฉันหน่อย   까루나- 아티바-이 응아-이 응아-이 하이 찬 너이
좀 쉽게 설명해 주시겠습니까?

■ **คุณใส่เบอร์อะไร** [쿤 싸이 브어- 아라이] : 옷 가게나 신발 가게에서 점원이 사이즈에 대해 묻는 표현입니다.

응용 회화

A ให้ฉันช่วยอะไรได้บ้างคะ   무엇을 도와드릴까요?
하이 찬 추어이 아라이 다이 방– 카

B คุณช่วยบอกผมได้ไหมว่า
쿤 추어이 벅– 폼 다이 마이 와–

ผมจะซื้อไอศกรีมได้ที่ไหนครับ
폼 짜 쓰– 아이싸끄림– 다이 티–나이 크랍

아이스크림을 어디서 살 수 있는지 알려주실 수 있어요?

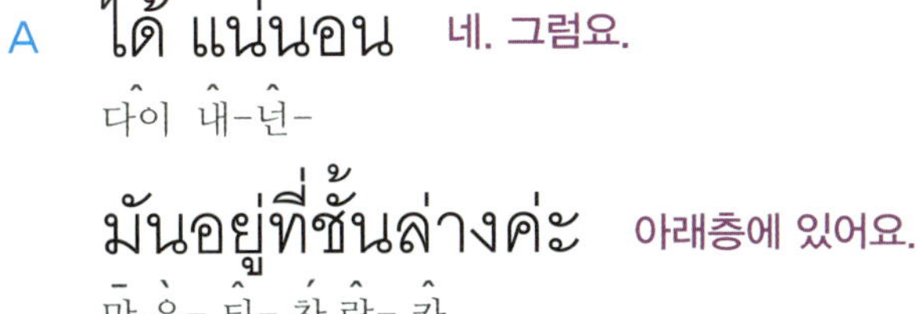

A ได้ แน่นอน   네. 그럼요.
다이 내–넌–

มันอยู่ที่ชั้นล่างค่ะ   아래층에 있어요.
만 유– 티– 찬 랑– 카

B มีบันไดเลื่อนลงไปไหมครับ   밑에 내려가는 에스컬레이터가 있어요?
미– 반 다이 르언 롱 빠이 마이 크랍

A ไม่มีค่ะ   없어요.
마이 미– 카

คุณต้องลงจากที่มุมนั้น   저 코너에서 내려가야 합니다.
쿤 떵– 롱 짝– 티– 뭄 난

B ขอบคุณสำหรับข้อมูลของคุณ   알려줘서 고마워요.
컵– 쿤 쌈랍 커–문– 컹– 쿤

새 단어

บอก 벅- 말하다	บันไดเลื่อน 반다이 르언 에스컬레이터
ไอศกรีม 아이싸끄림- 아이스크림	มุม 뭄 코너
ชั้นล่าง 찬 랑- 아래층	ข้อมูล 커-문- 정보

■ **ให้ฉันช่วยอะไรได้บ้าง** [하이 찬 추어이 아라이 다이 방-]

: '무엇을 도와드릴까요?' 의 의미입니다.

■ **บอก** [벅-] : '말하다' 라는 뜻으로, 주로 짧은 내용을 전달하는 경우에 사용합니다.

다음 질문에 알맞은 대답을 넣어 대화를 완성하세요.

1. A: คุณใส่เบอร์อะไร

   B: ___________________________ 중간 사이즈입니다.

2. A: คุณช่วยบอกผมได้ไหมว่าผมจะซื้อไอศกรีมได้ที่ไหน

   B: ___________________________ 네, 그럼요.

태국어로 써 보세요.

3. 말하다 ___________________________

4. 아래층 ___________________________

5. 에스컬레이터 ___________________________

다음 문장을 해석하세요.

6. คุณต้องจ่ายเพิ่มอีกยี่สิบบาท ___________________________

7. ช่วยห่อให้ด้วย ___________________________

8. ให้ฉันช่วยอะไรได้บ้าง ___________________________

9. คุณต้องลงจากที่มุมนั้น ___________________________

10. ขอบคุณสำหรับข้อมูลของคุณ ___________________________

정답

1. เบอร์ขนาดกลาง　　2. ได้ แน่นอน　　3. บอก　　4. ชั้นล่าง　　5. บันไดเลื่อน

6. 20바트 더 지불해야 합니다.　　7. 포장도 해 주세요.　　8. 무엇을 도와드릴까요?

9. 저 코너에서 내려가야 합니다.　　10. 알려줘서 고마워요.

ทางเข้า 탕- 카오 **입구**

ทางออก 탕- 억- **출구**

รถเข็น 롯 켄 **카트**

ห้ามเข้าออก

함- 카오 억- **출입금지**

การรักษาความปลอดภัย

깐- 락싸- 쾀- 쁠럿- 파이 **보안**

การกักกันโรค

깐- 깍 깐 록- **검역**

คนต่างประเทศ

콘 땅- 쁘라 텟- **외국인**

คนในประเทศ

콘 나이 쁘라 텟- **내국인**

การแลกเงิน 깐- 랙- 응언- **환전**

ห้องนั่งรอ 헝 낭 러- **대기실**

ศูนย์ประชาสัมพันธ์

쑨- 쁘라차-쌈판 **안내소**

รถเช่า 롯 차오 **렌터카**

ป้ายแท็กซี่

빠-이 택 씨 **택시 승강장**

ป้ายรถเมล์

빠-이 롯 메- **버스 승강장**

คิดว่าจะเป็นหวัด
감기에 걸린 것 같아요.

A คุณสบายดีไหมคะ   잘 지내세요?
쿤 싸바-이 디- 마이 카

B ไม่ค่อยสบายครับ   그다지 잘 지내지 못해요.
마이 커-이 싸바-이 크랍

A เป็นอะไรคะ   무슨 일 있으세요?
뻰 아라이 카

B วันนี้ปวดหัวมากครับ   오늘 머리가 너무 아파요.
완 니- 뿌엇 후어 막- 크랍

ผมคิดว่าจะเป็นหวัด   감기에 걸린 것 같아요.
폼 킷 와- 짜 뻰 왓

A ไปหาหมอหรือยังคะ   병원에 갔었나요?
빠이 하- 머- 르- 양 카

B ยังไม่ได้ไปครับ   아직 가지 못했어요.
양 마이 다이 빠이 크랍

จะไปพรุ่งนี้   내일 갈 거예요.
짜 빠이 프룽 니-

ไม่ค่อย 마이 커-이 그다지 ~않다	หวัด 왓 감기
ปวด 뿌엇 아프다	หมอ 머- 의사
หัว 후어 머리	พรุ่งนี้ 프룽 니- 내일

■ **ไม่ค่อย** [마이 커-이] : 동사나 형용사와 결합하여 '그다지', '별로 ~않다' 의 의미가 됩니다.

ไม่ค่อยร้อน 마이 커-이 런- 별로 덥지 않아요.

ไม่ค่อยสวย 마이 커-이 쑤어이 그다지 예쁘지 않아요.

พูดภาษาไทยไม่ค่อยเก่ง 풋- 파-싸-타이 마이 커-이 껭 태국어를 그다지 잘 하지 못해요.

■ **ปวด** [뿌엇] : '아프다' 라는 뜻으로, 일반적인 통증이 있는 아픔을 의미합니다. 한편 เจ็บ [쩹]은 베이거나 긁히거나 혹은 피부 상처와 같은 외관상의 통증 있는 아픔을 말합니다. ปวด과 เจ็บ은 모두 신체 부위를 목적어로 하는 타동사입니다.

ปวดหัวมาก 뿌엇 후어 막- 머리가 너무 아파요.

ปวดฟัน 뿌엇 퐌 치아가 아파요.

ปวดท้อง 뿌엇 텅- 배가 아파요.

เจ็บตัว 쩹 뚜어 몸이 아프다, 다치다, 부상하다.

■ **เป็นหวัด** [뻰 왓] : เป็น은 여러 가지 기능을 합니다. 병명이나 증상을 나타내는 단어와 함께 사용될 때는 '~에 걸리다' 의 뜻입니다.

เป็นหวัด 뻰 왓 감기 걸리다

เป็นไข้ 뻰 카이 열이 나다

เป็นไข้หวัด 뻰 카이 왓 감기 걸리다

เป็นไข้หวัดใหญ่ 뻰 카이 왓 야이 독감에 걸리다

เป็นโรค 뻰 록- 병이 나다

■ **ยังไม่ได้** [양 마이 다이] : '아직 ~하지 않다' 또는 '아직 ~못하다' 의 의미입니다. 동작이 아직 발생되지 않았거나 완성되지 않았음을 나타냅니다.

〈ยังไม่ได้ + 동사〉

ฉันยังไม่ได้ไป 찬 양 마이 다이 빠이 저는 아직 가지 못했어요.

คุณแม่ยังไม่ได้มา 쿤매- 양 마이 다이 마- 어머니는 아직 오지 않았어요.

เขายังไม่ได้ไปสนามบิน 카오 양 마이 다이 빠이 싸남- 빈
그는 아직 공항에 가지 않았어요.

응용 회화

A คุณสบายดีหรือคะ　잘 지내세요?
쿤 싸바-이 디- 르- 카

B สบายดีครับ　잘 지내요.
싸바-이 디- 크랍

แต่อาทิตย์ที่แล้ว ปวดท้องนิดหน่อย
때- 아-팃 티-래-우 뿌엇 텅- 닛 너이

그런데 지난 주에 배가 좀 아팠어요.

A ดูท่าทางไม่ค่อยสบาย　안 좋아 보이네요.
두- 타-탕- 마이 커-이 싸바-이

เป็นอะไรหรือเปล่าคะ　무슨 일 있었나요?
뻰 아라이 르- 쁠라오 카

B ท้องเสียแล้วครับ　배탈났어요.
텅- 씨야 래-우 크랍

A ไปหาหมอหรือเปล่าคะ　병원에 갔었나요?
빠이 하- 머- 르- 쁠라오 카

B เปล่าครับ　아니오.
쁠라오 크랍

ซื้อยามากินเอง　약을 사 와서 먹었어요.
쓰- 야- 마- 낀 엥-

นี่กำลังจะไปโรงพยาบาล　지금 병원에 가는 길입니다.
니- 깜랑 짜 빠이 롱-파야-반-

새 단어

อาทิตย์ที่แล้ว 아-팃 티 – 래-우 **지난 주**	ท้องเสีย 텅– 씨야 **설사, 배탈나다**
ท้อง 텅– **배**	ยา 야– **약**
ท่าทาง 타– 탕– **태도, 자세**	โรงพยาบาล 롱– 파야–반– **병원**

■ **เป็นอะไร** [뻰 아라이] : 여기서 **เป็น**은 '~에 걸리다' 의 뜻으로, **เป็นอะไร**는 '증상이 있다', '이상이 있다' 의 의미입니다.

■ **ซื้อยามา** [쓰– 야– 마–] : 동사 **ซื้อ**는 방향동사 **มา**와 결합하여 '사 오다' 의 의미를 나타냅니다. 목적어로 명사 **ยา**가 사용되었고, **มา**는 목적어의 방향을 나타냅니다.

ซื้อยามา 쓰– 야– 마–　약을 사 오다.

ซื้อยามากิน 쓰– 야– 마– 낀　약을 사 와서 먹다.

เอาหนังสือไทยมา 아오 낭쓰– 타이 마–　태국어 책을 가져오다.

เอารถมา 아오 롯 마–　차를 가지고 오다.

■ **นี่** [니–] : 여기서는 현재 상태나 행동을 주목시킵니다.

นี่กำลังจะไปโรงพยาบาล 니– 깜랑 짜 빠이 롱–파야–반–

지금 병원에 가는 길입니다.

■ **복합 명사** : 명사와 명사, 동사, 형용사를 결합한 경우가 많습니다. 또한 사람의 직업이나 물건의 성격에 따라 접두사를 사용하여 복합명사를 나타냅니다.

〈건물〉 **โรงพยาบาล** 롱– 파야–반– 병원

โรงหนัง 롱– 낭 영화관

〈기계, 도구〉 **เครื่องดื่ม** 크르엉 듬– 음료수

เครื่องบิน 크르엉 빈 비행기

〈장소〉 **ที่นั่ง** 티– 낭 좌석

ที่พัก 티– 팍 숙소

〈비용〉 **ค่ารถ** 카– 롯 차비

ค่านายหน้า 카– 나–이 나– 소개비

〈물건〉 **ของหวาน** 컹– 완– 후식

ของเล่น 컹– 렌 장난감

〈가게〉 **ร้านขายยา** 란– 카–이 야– 약국

ร้านอาหาร 란– 아–한– 음식점

〈방〉 **ห้องน้ำ** 형 남– 화장실

ห้องนอน 형 넌 침실

〈물, 액체〉 **น้ำหอม** 남 험– 향수

น้ำพริก 남 프릭 고추장

〈차〉 **รถไฟ** 롯 퐈이 기차

รถเมล์ 롯 메– 버스

〈전문가〉 **นักกีฬา** 낙 낄–라– 운동선수

นักร้อง 낙 렁 가수

〈기술자〉 **ช่างตัดผม** 창– 땃 폼 이발사

ช่างเสริมสวย 창– 쓰엄– 쑤어이 미용사

〈사람〉 **ผู้ช่วย** 푸– 추어이 보조자

ผู้ใหญ่ 푸– 야이 어른

คนขับรถ 콘 캅 롯 운전사

คนไข้ 콘 카이 환자

〈사람의 성격 또는 습관〉

ขี้เกียจ 키– 끼얏 게으름뱅이

ขี้เหนียว 키– 니여우 구두쇠

다음 질문에 알맞은 대답을 넣어 대화를 완성하세요.

1. A: คุณสบายดีไหม

   B: ____________________________ 그다지 잘 지내지 못해요.

2. A: เป็นอะไร

   B: ____________________________ 오늘 머리가 너무 아파요.

태국어로 써 보세요.

3. 배가 아프다 ____________________________

4. 지난 주 ____________________________

5. 병원 ____________________________

다음 문장을 해석하세요.

6. ท้องเสียแล้ว ____________________________

7. ผมคิดว่าจะเป็นหวัด ____________________________

8. ดูท่าทางไม่ค่อยสบาย ____________________________

9. ไปหาหมอหรือเปล่า ____________________________

10. ซื้อยามากินเอง ____________________________

ไข้หวัด 카이 왓 **감기**

ไข้หวัดใหญ่
카이 왓 야이 **독감**

ไข้ 카이 **열**

ไอ 아이 **기침**

อาการหนาวสั่น
아-깐- 나-우 싼 **오한**

จาม 짬- **재채기하다**

อาเจียน 아- 찌-얀 **구토하다**

คลื่นไส้ 클른- 싸이 **구역질**

อาการปวดหัว
อา–กัน– ปวด หัว **두통**

อาการปวดท้อง
อา–กัน– ปวด ท้อง– **복통**

อาการปวดฟัน
อา–กัน– ปวด ฟัน **치통**

อาการปวดเอว
อา–กัน– ปวด เอ–ว **요통**

เมา มา오 **멀미**

ความดันโลหิตสูง
คม–ดัน โล–ฮิต ซูง– **고혈압**

มะเร็ง มา เร็ง **암**

ภูมิแพ้ ปุม– แพ– **알레르기**

태국어 발음부터 단어 · 기본 문법 · 회화까지

이것이 독학 태국어 첫걸음이다!

초판 9쇄 발행 | 2025년 1월 20일

지은이 | 황정수
편 집 | 이말숙
디자인 | 유형숙, 윤지선
일러스트 | 황종익
제 작 | 선경프린테크
펴낸곳 | Vitamin Book
펴낸이 | 박영진

등 록 | 제318-2004-00072호
주 소 | 07250 서울특별시 영등포구 영등포로 37길 18 리첸스타2차 206호
전 화 | 02) 2677-1064
팩 스 | 02) 2677-1026
이메일 | vitaminbooks@naver.com
웹하드 | ID vitaminbook / PW vitamin

웹하드에서
mp3 파일 다운 받는 방법

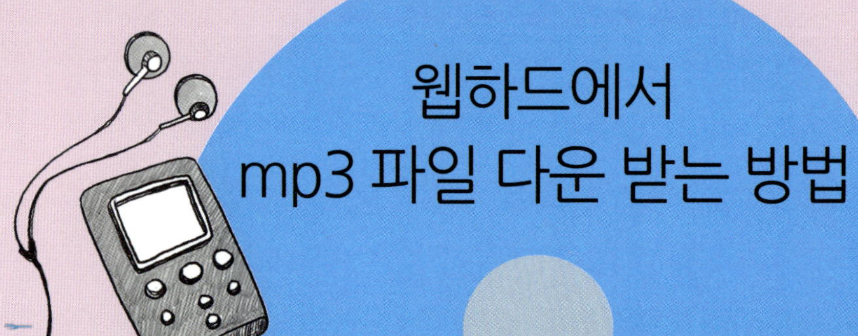

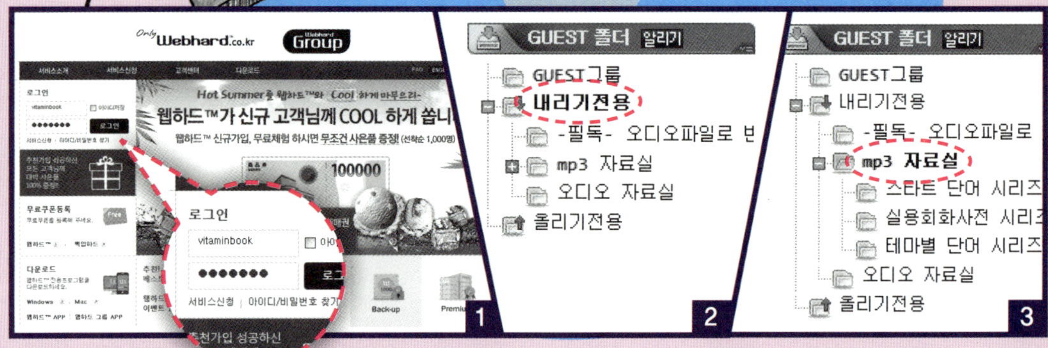

💬 다운 방법

STEP 01
웹하드 (www.webhard.co.kr) 에 접속
아이디 (vitaminbook) 비밀번호 (vitamin) 로그인 클릭

STEP 02
내리기전용 클릭

STEP 03
Mp3 자료실 클릭

STEP 04
이것이 독학 태국어 첫걸음이다! 클릭하여 다운